伝統食の文化と
歴史超入門

蕎麦のひみつ

知識・愉しみかたがわかる本

特定非営利活動法人
江戸ソバリエ協会理事長
ほしひかる　監修

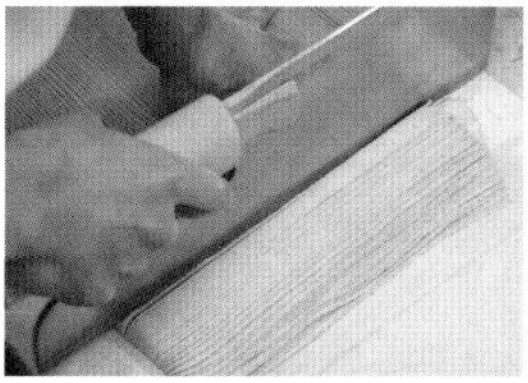

Mates-Publishing

はじめに

蕎麦は、私たち日本人の暮らしに深く根付いています。
歴史をさかのぼってみると、
日本に伝来したのは、稲よりも早い縄文のころです。

それ以降、幾度も飢饉の年を支え、
日常食として、また、特別な日のもてなしや、
行事の振る舞い料理として、私たちのそばにありました。

蕎麦にはどんな歴史があるのか、
昔の人が食べていた蕎麦は今と同じなのか、
蕎麦屋の品書きにあるドラマ、
その土地で受け継がれてきた郷土蕎麦、
現在の蕎麦を取り巻く現状など、
多方面から「蕎麦のひみつ」に迫ってみました。

本書を通して蕎麦の知識を深め、
おいしく、楽しく蕎麦を
味わっていただけたら幸いです。

もくじ

はじめに……2

第1章 蕎麦の歴史と文化

ソバはどこで生まれた？……8
ソバの日本伝来……9
日本の蕎麦の歴史……10
奈良時代までの蕎麦……12
「蕎麦」の語源……13
ソバの実から粉へ……14
蕎麦切りの誕生……16
寺方蕎麦とは……18
つゆ・薬味の今昔……20
蕎麦湯を飲むようになったのは？……22
江戸蕎麦の完成……24
江戸の蕎麦事情……26
江戸時代の蕎麦屋の品書き……28
江戸は蕎麦、京都・大坂はうどんが好まれる理由……30
「きそば」？「なまそば」？とは何のこと？……32
「二八蕎麦」の由来……33
江戸から続く老舗蕎麦屋❶ 更科堀井……34
江戸から続く老舗蕎麦屋❷ 室町砂場……36

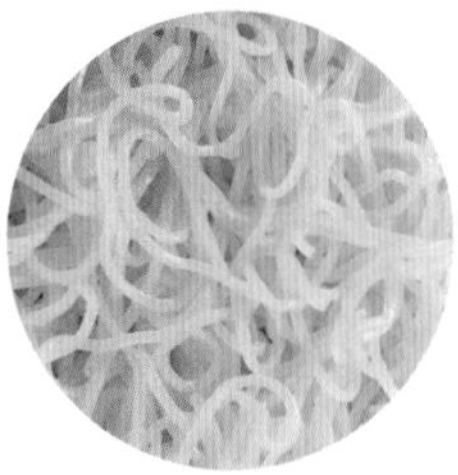

江戸から続く老舗蕎麦屋❸ かんだやぶそば……38
江戸から続く老舗蕎麦屋❹ 長寿庵……40
江戸から続く老舗蕎麦屋❺ 尾張屋……41
Column 江戸「ソハキリ」のカギを握る常明寺を探せ！……42

第2章 蕎麦屋の品書きと文化

蕎麦屋の品書きうんちく❶ もりとざる……44
蕎麦屋の品書きうんちく❷ きつねとたぬき……46
蕎麦屋の品書きうんちく❸ 天麩羅蕎麦……48
蕎麦屋の品書きうんちく❹ おかめ蕎麦……50
蕎麦屋の品書きうんちく❺ 鴨南蛮……51
蕎麦屋の品書きうんちく❻ 田舎蕎麦……52
蕎麦屋の品書きうんちく❼ 蕎麦寿司……53
蕎麦屋といえば日本酒なわけ……54
蕎麦屋の酒のつまみ……56
蕎麦屋の屋号の不思議……58
蕎麦屋の通し言葉……60
蕎麦屋の職制……61
Column 蕎麦の粋な食べ方……62

第3章 蕎麦の材料と蕎麦の作り方

植物学的にソバは3種類に分類される……64
ソバの国内自給率は約3割……66
日本ではどんなソバを栽培している？……68
新蕎麦は年に2回楽しめる！……70
「一番粉」「二番粉」「三番粉」とは？……72
蕎麦粉の挽き方……74

二八、九割、十割蕎麦……76
蕎麦打ち道具……78
蕎麦打ちの工程……80
蕎麦のゆで方&盛り方……88
蕎麦つゆの作り方……90
蕎麦は「三たて」がおいしい?……92
Column 駅蕎麦の歴史……94

第4章 日本人の暮らしと蕎麦

日本各地の郷土蕎麦……96
蕎麦で季節を感じる……102
年越し蕎麦を食べるわけ……104
各地で違う年越し蕎麦……106
引っ越し蕎麦を配るわけ……107
蕎麦を食べる日本の行事……108
歴史上の蕎麦好き有名人……110
落語に登場する蕎麦……112
蕎麦にまつわることわざ……114
蕎麦の栄養❶ 栄養豊富……116
蕎麦の栄養❷ ダイエットに効果……118
蕎麦のおいしさ表現……120
東京23区 蕎麦史跡めぐり……122
全日本蕎麦何でもランキング……124
もっともっと蕎麦を楽しめる
江戸ソバリエ入門のススメ……126

第1章　蕎麦の歴史と文化

蕎麦の原産地はどこなのか。
そこからどのようなルートで日本に伝来し、
日本で広まったのか。
そして、古代、室町、鎌倉、江戸と、
蕎麦の食べ方はどのように変化したのか、
歴史と文化を辿ります。

ソバはどこで生まれた?

栽培ソバの原産地を突き止めたのは日本人!

栽培ソバは中国西南部の三江併流《さんこうへいりゅう》地域で生まれた

『栽培植物の起源』の著者ドゥ・カンドルは、「栽培植物の原産地には、原種となる野生型が存在することが前提」と述べています。ソバの原種となる野生型が誕生した地が、ソバの生まれ故郷といえるでしょう。それはどこなのか。

長らく信じられてきた「シベリア・黒竜江《こくりゅうこう》地域説」を約100年ぶりに覆したのが、京都大学・名誉教授の大西近江《おうみ》氏です。大西氏は、「栽培ソバに最も近縁《きんえん》な野生祖先種が自生している地域が起源地」との考えから、候補地を中国雲南省、四川省、チベット自治区に絞り込んで現地調査。その結果、「金沙江《ちんしゃーこう》、瀾滄江《らんそうこう》、怒江《ぬこう》の三江併流地域の野生祖先種が栽培ソバに最も近縁である」と突き止めました。さらに起源地は金沙江水系の東義河・尼汝河の谷であり、それが人の手によって栽培化されたと結論し発表。以来、大西氏の「栽培ソバ中国三江地域起源説」が、蕎麦学会では確定しています。

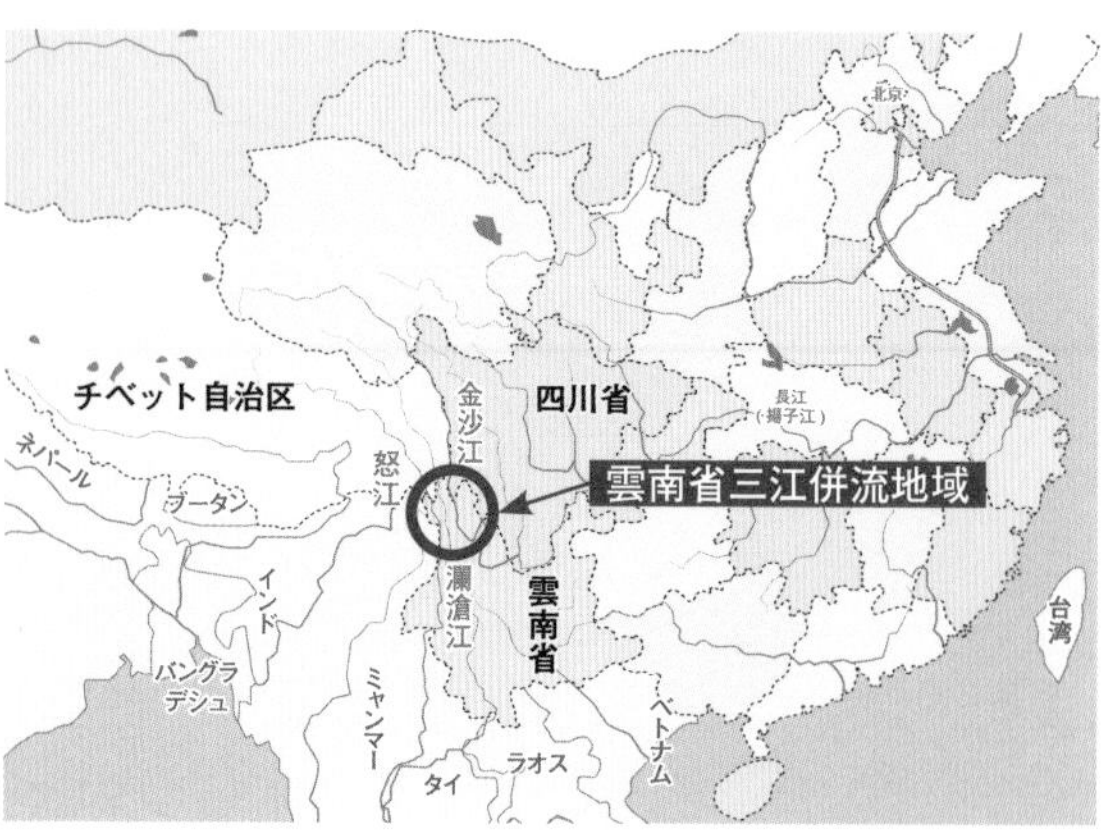

三江併流は高山の中を3本の大河の上流部が並行して流れている地域。多様な生物が育まれユネスコの世界自然遺産に登録されている。
画像提供：中国まるごと百科事典
https://www.allchinainfo.com/

ソバの日本伝来

ソバは朝鮮半島を経て対馬に伝来!?

朝鮮半島から対馬説、中国から九州説が有力

中国西南部で生まれたソバが、どうやって日本にやってきたのか。おそらく今から4000年ほど前に中国西南部・三江併流地域を出発。そして約3500年前の縄文時代後期には関東に伝わったと考えられます。ただしこの500年の間に、ソバがどのようなルートで日本に入り広まったのか分かっておらず、

❶朝鮮半島から対馬
❷中国から北九州
❸シベリアから北日本

という3つの説がありました。そして今では、対馬栽培種は日本のなかで最も原種に近いといわれていることなどから、有力視されているのは❶の説。そして日本に渡った後は、列島を北上していったと考えられます。

ソバは火山灰地などのやせた土地でも栽培することができ、実際に、ソバの産地は火山帯上にあることが多いもの。恐らく火山帯を北進していったのでしょう。

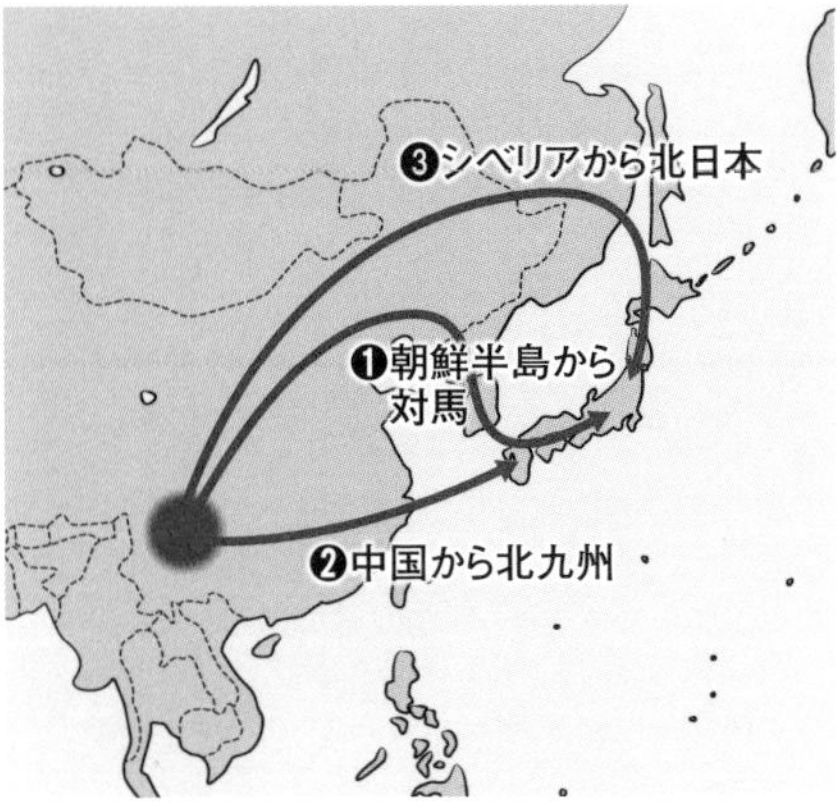

右記のうち、有力視されているのは❶。対馬から九州に伝わった後、火山帯を北進して広まったと考えられる。

縄文時代に伝来し、江戸中期に現代の蕎麦に

蕎麦の歴史年表

縄文・弥生時代	奈良時代～平安時代
	710年
ソバの実が伝来。栽培されるようになった（資料　真福寺貝塚）	救荒食物として、栽培を推奨される（資料　続日本紀）
かゆや雑炊として食していた	

実から粉、そして蕎麦切りへと変化していった

縄文時代にソバの実が伝来して以降、どのような経緯で現在のような蕎麦になったのでしょうか。

ソバが栽培され始めたころ、現在のような麺ではなく、実のままかゆや雑炊として食されていました。まだ、粉にする技術がなかったのです。

それが一変するのが、鎌倉時代。南宋（現在の中国）に留学していた僧によって、米や麦などを大量

江戸時代	室町時代	鎌倉時代
1867年　　1603年	1338年	1192年
江戸の町に蕎麦屋が誕生。現代に通じる蕎麦が完成し、町民に蕎麦が広がる（資料　慈性日記・道光庵石碑など）	寺方蕎麦が広まる 蕎麦切りが誕生する（資料　定勝寺文書）	ソバの実を粉に挽く技術が伝来する（資料　東福寺水磨様）
蕎麦つゆ・薬味など現代同様の蕎麦に進化	蕎麦切りが登場。垂れみそや大根汁で食すように	蕎麦がき・もちとしても食されるようになる

に製粉する、水車の技術が伝わるのです。それまで主にかゆや雑炊として食べられていた蕎麦が、粉を使って蕎麦がきや団子にして食べられるようになります。

当時、強い勢力を持っていた寺社には、来客が多く会席も頻繁に開かれていました。会席料理の締めとして出されていた料理のひとつが蕎麦。そして1500年ごろから、細く切った「蕎麦切り」が登場します。その舞台は寺社で、この時代の蕎麦を後に「寺方蕎麦」と呼ぶようになりました。

そして江戸時代。江戸の町に人が増え、外食産業も盛んに。江戸蕎麦が発展していくなかで蕎麦打ちの技術やつゆが進化。現代につながる蕎麦が完成したのです。

救荒作物として栽培が推奨されていた

天皇が飢饉に備え蕎麦を作るよう命令した

蕎麦は稲作よりも早く日本に伝来しました。その痕跡は、真福寺貝塚（埼玉県）でソバの種子が出土するなど、日本各地で発見されています。荒れ地でもグングンと生育するソバは、縄文時代の人たちにとって、栽培に取り組みやすい作物だったのでしょう。ソバは、現在も日常食として食べられている古代穀物なのです。

そして「蕎（喬）麦」の文字が文献に初登場するのが8世紀の奈良時代。当時の女帝であった元正天皇が出した詔《みことのり》（天皇の命令）として、『続日本紀《しょくにほんぎ》』に登場します。そこには「今年の夏は雨が少なく凶作が予想されるので、蕎麦や大麦、小麦などを植えて備蓄させなさい」（意訳）とあります。

稲や麦が育たない先祖のピンチを、厳しい環境でも育つ蕎麦が、救ってきたのです。

真福寺貝塚。縄文時代後期の集落遺跡。泥炭層で出土品の状態がよく、ソバのほかクリやクルミの種子、土器や土偶など貴重な遺物が多数出土している。画像提供:さいたま市教育委員会

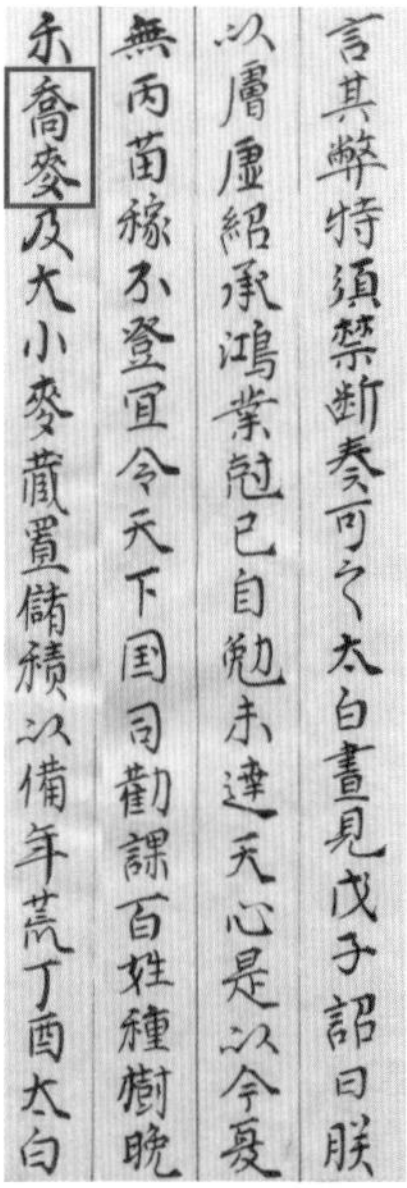
言其弊特須禁断奏可之太白晝見戊子詔曰朕
以庸虚紹承鴻業剋己自勉未達天心是以今夏
無雨苗稼不登宜令天下国司勧課百姓種樹晩
禾喬麦及大小麦蔵置儲積以備年荒丁酉太白

「喬麦」の文字が文献に初登場する『続日本紀』。元正天皇の詔として蕎麦作りが推奨されている。
資料提供:国立公文書館デジタルアーカイブ

「蕎麦」の語源

「蕎麦」は「ソバムギ」と呼ばれていた

スクスク高く伸びることから「喬」の字が使われた

蕎麦をなぜ「ソバ」というのか。❶ソバの実は三角形の形をしていて角があるため、角の意味を持つ「稜《そば》」から。❷山の険しいところを指す「岨《そば》」でも育つから。❸畑の「側」で植えたからなどさまざまな説があります。また、蕎麦という字はもともと、スクスク高く伸びることを意味する「喬《きょう》」という字でした。

日本伝来当初、蕎麦の和名は「ソバムギ」「クロムギ」「ソマムギ」などであり、「ソバ」とは呼ばれていなかったようです。

古代に栽培されていた大麦、小麦などの麦と、中国から渡来したソバとの区別をつけるために「ソバムギ」としたと考えられます。

そして室町時代、後ろの「ムギ」が省略されて「蕎麦」＝「ソバ」と呼ばれるようになりました。蕎麦が一般にも広がって名前を呼ぶ回数も増え、「ソバムギ」を縮めた呼び方が一般化していったのでしょう。

大麦や小麦とは別の穀物であると区別するために、「ソバムギ」とつけたと考えられる。

大麦

ソバの抜き実

ソバの実から粉へ

製粉技術は僧が日本へ持ち込んだ

1枚の設計図から蕎麦に革命が起きた!?

　ソバの実は黒くて硬く、脱穀するのもひと苦労。非常食としては重宝されてきましたが、米などの穀物とは別の雑穀としてとらえられていました。それが大きく変わるのは、製粉技術の伝来。ソバの実を粉にして食するようになったことがきっかけです。

　そもそも日本は米や麦を食べてきたので、石臼《いしうす》（挽《ひ》き臼）は必要ありませんでした。日本書紀に「碾磑《てんがい》」（石臼のこと）の記述がありますが、実際に存在したのかは明確になっていません。

　石臼にまつわる最古の文書は、鎌倉時代に円爾《えんに》という僧が南宋（現在の中国）から持ち帰った「水磨様《すいまよう》」の設計図です。

　水磨様とは、水車で動く石臼を使って、米や麦、茶葉などを大量に製粉する技術のこと。円爾の設

日本に製粉技術を伝えた円爾。南宋への留学で日本に製粉や茶の種子などを持ち帰った。
画像提供:臨濟寺

計図によると、水車の力を使って、「つく」「挽く」「ふるう」の3つの動作が連続で働く仕組みになっています。

実際にこの設計図をもとに水車小屋が造られたのかは不明ですが、円爾の出身地である静岡県で、この設計図をもとに作成したところ、見事に水車小屋が完成しました。また、鎌倉時代以降のものとして石臼が出土していることから、このころより製粉の技術が広まったと考えられます。

ちなみに円爾が南宋に行ったのは、僧としての修行のため。南宋で学んだ禅宗の勤行における軽食、麺類やまんじゅうを作るために、製粉の道具が必要だったのです。

円爾はその後日本で初の「国師」の称号を贈られ聖一国師《しょういちこくし》の名でも知られています。南宋からは水磨様の設計図だけでなく、たくさんの経典や医学書などの資料、そして茶の種子も持ち帰りました。生まれ故郷の静岡に茶葉を植えたことから、「静岡茶の始祖」としても親しまれており、臨済寺（静岡県静岡市）の茶祖堂にまつられています。

円爾が南宋から持ち帰った「水磨の図」を元に再現された、「製粉水車」の木製模型。円爾の故郷である静岡県静岡市の農業政策課と、静岡特産工業協会によって作られた。　画像提供:ほしひかる

蕎麦切りの誕生

日本で初めて蕎麦切りが作られたのはどこ？

木曽、塩尻、甲州……候補地は複数あり

鎌倉時代以降、ソバの実を粉にして食す習慣が広まったものの、当時の蕎麦は、現代のようなつるつるの麺とは別もの。蕎麦がきや蕎麦団子、蕎麦もちなどにして食べていました。

ちなみに蕎麦がきは最も簡単な蕎麦粉の食べ方。蕎麦粉に熱湯を注いで練ったり、蕎麦粉を鍋に入れて水を注いで火にかけ、すりこぎでかき混ぜたりして作る、すいとんの蕎麦粉バージョンといった食べ物です。

では現代に通じる「蕎麦切り」はいつどこで誕生したのか。残念ながら、発祥の地は確定していません。

蕎麦に「切」の字が初めて登場するのは、長野県木曽郡にある定《じょう》勝《しょう》寺《じ》の文書。これによると、1574年に定勝寺の仏殿修理祝いに「ソハキリ（蕎麦切り）」が振る舞われたとあります。

また、江戸時代に松尾芭蕉の弟子だった森川許六《きょりく》という人が記し

製粉技術が広まり、蕎麦がきも広まった。ちなみに蕎麦がきを柿の葉に見立てて作ることが多いのは、「がき＝柿」という江戸っ子のしゃれが由来。

た『本朝文選《ほんちょうもんぜん》』（後に『風俗文選』に改題）には、「蕎麦切りというものは、もともと信濃国の本山《もとやま》宿《じゅく》より出て、多くの国々にもてはやされるようになった」という記述も。現在も長野県には蕎麦の産地がたくさんあり、信州蕎麦として全国に名をとどろかせています。蕎麦と縁の深い土地であることは、間違いないでしょう。

諸説ある候補地のひとつには、山梨県甲州市も挙げられます。こちらは、江戸時代の国学者・天野《あまの》信景《さだかげ》が書いた『塩尻』という雑識集に、「天目山に詣でる人に振る舞ったのが、蕎麦切りの始まり」という記述があることが由来。このことから天目山《てんもくさん》・栖雲寺《せいうんじ》を「蕎麦切り発祥の地」とする説もあるのです。

蕎麦切りに先んじて、小麦を材料とするうどんや素麺が食べられていたのは確か。山梨には郷土料理のほうとうもあることから、これを蕎麦でもやってみようと試みたのかもしれません。

蕎麦切りの発祥の地を断定するのは難しいことですが、残された文書や現代に伝わる史料から「こうだったのかも」と考察するのも、楽しみのひとつといえます。

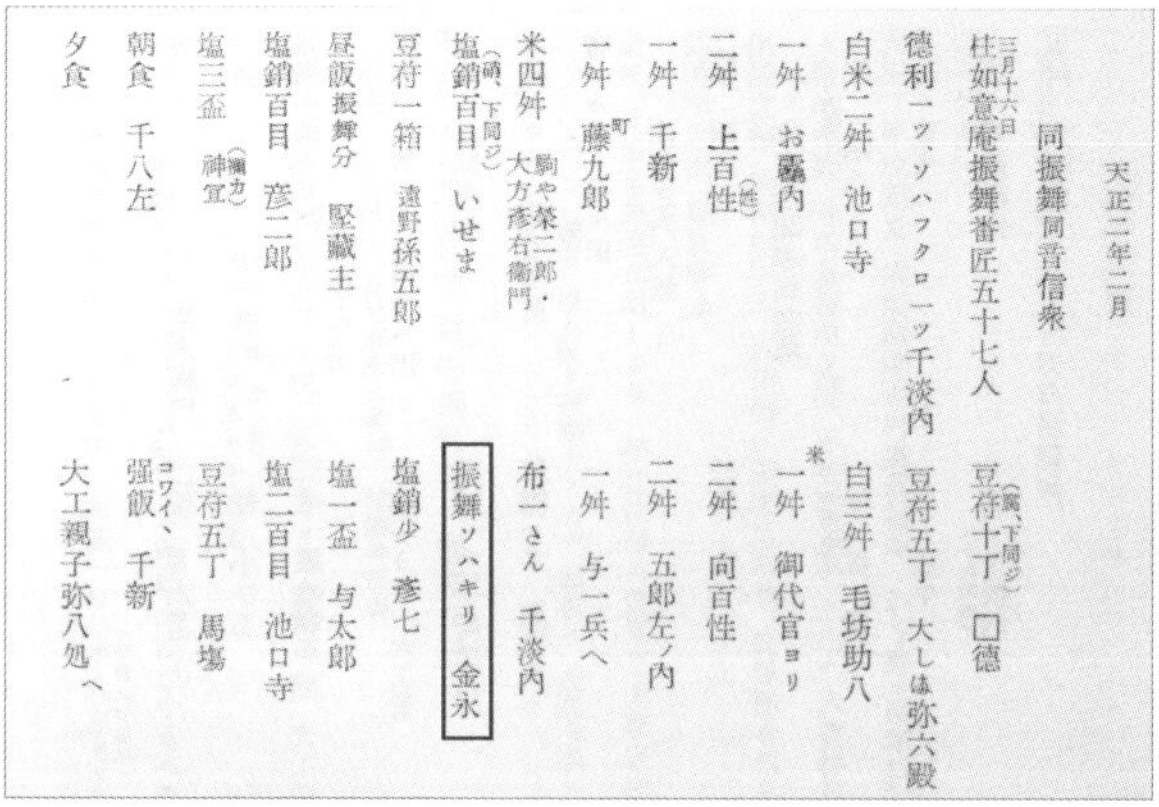
天正二年二月
同振舞同音信衆
三月十六日
柱如意庵振舞番匠五十七人　豆府十丁（腐、下同ジ）　□徳
徳利一ツ、ソハフクロ一ツ千淡内　豆府五丁　大しは弥六殿
白米二升　池口寺　白三升　毛坊助八
一升　お蠹内　※一升　御代官ヨリ
二升　上百性（姓）　二升　向百性
一升　千新　二升　五郎左ノ内
一升　藤九郎（町）　一升　与一兵へ
米四升　駒や桊二郎・大方彦右衛門　布一さん　千淡内
塩鎖百目（碗、下同ジ）　いせま　振舞ソハキリ　金永
豆府一箱　遠野孫五郎　塩鎖少　彦七
昼飯振舞分　堅蔵主　塩一盃　与太郎
塩鎖百目　彦二郎　塩二百目　池口寺
塩三盃　神宜（禰カ）　豆府五丁　馬場
朝食　千八左　強飯（コワイ、）　千新
夕食　大工親子弥八処へ

初めて「ソハキリ」の文字が登場する『定勝寺文書』。「振舞　ソハキリ　金永」とある。
出典:「信濃史料」図書信濃史料刊行会 編 著

武田家終焉の地として知られる天目山にある古刹・栖雲寺。この寺を開山した業海（ごっかい）本浄が修行をした中国・杭周は麺屋の多かった土地。中国で学んだ麺作りの技術を、この地で広めたといわれている。
画像提供:ほしひかる

寺の振る舞い料理として蕎麦が供されてきた

蕎麦の歴史は寺社と深いつながりがある

室町時代までの蕎麦の歴史をひもとくと、製粉技術を日本に持ち込んだ円爾《えんに》、蕎麦切りと深いかかわりを持つ定勝寺《じょうしょうじ》や栖雲寺《せいうんじ》など、蕎麦は僧や寺社と切っても切り離せない関係だったと分かります。

また、鎌倉時代の説話集である『宇治拾遺集《うじしゅういしゅう》』にも、「比叡山の僧が『かいもちひ』を楽しんだ」という記述があり、これを蕎麦がきとする説もあります。

現代の感覚からすると、寺社と食文化はかけ離れたもののように思えますが、決してそんなことはありません。当時の寺社は、朝廷や武家とともに権力を三分した巨大な勢力。経済や政治、軍事の中心的存在であり、また、当時の最先端技術の発信地であった中国から文化や技術を持ち帰る場所でもありました。食文化の先頭を走っていた場所でもあったのです。

政治、経済の舞台であった寺社ですから、来客が多く、会席も頻繁に行われていました。日本で麺

麺を食している日本最古の絵『慕帰絵詞』の一部。台所で大皿から取り分けているのは素麺で、食事の最後に提供したと考えられる。

出典:[慈俊] [著] ほか『慕帰繪々詞 10巻』巻5,鈴木空如,松浦翠苑 模,大正8-9 [1919-1920]. 国立国会図書館デジタルコレクション

食が描かれている最古の絵は、覚《かく》如上人《にょしょうにん》の伝記が描かれた南北朝時代の絵巻『慕《ぼ》帰《き》絵《え》詞《ことば》』。大皿に盛られた素麺を僧たちが小皿に盛っているところが描かれています。また、この図には、麺以外の料理もたくさん登場しています。さまざまな料理を楽しみ、最後に蕎麦などの麺を食べるのが、寺方のもてなしの流儀だったのでしょう。

一方、東京都の深大寺や長野県の善光寺、福井県の永平寺、長野県の戸隠神社、島根県の出雲大社など、寺社の門前には蕎麦店が多くあります。寺と蕎麦のつながりが深いことから、寺社の門前で参詣客向けの店を開くなら、蕎麦が最適だと考えられたのでしょう。

江戸時代に刊行された『江戸名所図会』の『深大寺蕎麦』。秋の景色であるところから、秋の新蕎麦を楽しんでいる様子とうかがえる。
出典:『江戸名所図会』(東北大学附属図書館所蔵)

今も深大寺の周辺には、多くの蕎麦屋が軒を連ねている。

つゆ・薬味の今昔

初期の蕎麦切りは垂れみそで食べていた

垂れみそ＋大根汁に蕎麦を和えて食べていた

寺社を舞台に蕎麦切りの歴史がスタートしたわけですが、一気に蕎麦切りが広がったわけではありません。作るのに手間がかかる蕎麦切りは、あくまでもお客をもてなすための特別な料理であり、普段は蕎麦がきや蕎麦雑炊などが食べられていました。

そして、その蕎麦切りのつゆも、現代のものとはだいぶ様子が異なります。

江戸時代の医師・人見必大《ひとみひつだい》が記した食物辞典『本朝食鑑《ほんちょうしょっかん》』によると、「垂れみそ（みそに水を加えて煮たものを漉《こ》して垂れてきたもの）1升とよい酒5合をかき混ぜ、かつお節のかけら40～50銭を加え、半時あまり、とろ火で煮る」「よく煮たら塩・しょうゆで調和し、それから再び温める」「別に大根汁、花がつお、わさび、橘皮（みかんの皮）、とうがらし、海苔、焼きみそ、梅干しなどを用意して、切り蕎麦及び汁に和えて食べる」「大根汁は辛いのが一番よい」といった記述が見られます。

つまり、現代のようなだしやしょうゆで作った蕎麦つゆではなく、垂れみそにすりおろした大根を絞った汁を足し、さらにさまざまな薬味を用いていたわけです。

現代のような蕎麦つゆが登場するのは、かつお節やしょうゆが広まっていく江戸中期から後期を待たなくてはなりません。

また、蕎麦切り草創期は、つゆに蕎麦を「つけて」食べるのではなく「和えて」食べていたのも大きな違いといえるでしょう。

現代の蕎麦で三大薬味といえば、ねぎ、わさび、大根。関東では白ねぎ、関西では青ねぎが好まれる。わさびについては、江戸時代「蕎麦は傷みやすく体に毒」と思われており、「わさびをつければ大丈夫」として広まったといわれる。また、わさびは徳川家の御領地・伊豆の特産品であることがきっかけ、などともいわれている。

とうがらしにごまやさんしょう、みかんの皮である陳皮などを混ぜた七味とうがらしは、温かい蕎麦の代表的な薬味。

蕎麦がきから蕎麦切りへ、垂れみそからだしとしょうゆのつゆへと変化していったことで、蕎麦の食べ方も大きく変わっていったのです。

蕎麦湯を飲むようになったのは?

蕎麦湯を飲む習慣は信州から伝わった

蕎麦湯を飲むことは栄養学的に理にかなっている

十返舎一九《じっぺんしゃいっく》の滑稽本『東海道《とうかいどう》中《ちゅう》膝栗毛《ひざくりげ》』には、蕎麦のおかわりを頼みたいけれど銭は惜しいと、蕎麦湯をがぶ飲みしておなかを満たすシーンが登場します。

蕎麦好きにとっては締めに欠かせない蕎麦湯ですが、意外にも、全国的にはメジャーではありません。特に関西ではなじみが薄く、蕎麦湯を提供しない蕎麦店も多くあります。

「なぜ蕎麦のゆで汁をわざわざ飲むのか分からない」と違和感を覚える人もいるようです。

蕎麦湯を飲む習慣は、信州から伝わったといわれています。おなかの調子を整えるために、健康食材として飲まれていたとか。江戸時代の食物辞典『本朝食鑑《ほんちょうしょっかん》』には、「蕎麦を食べた後に蕎麦湯を飲まないとおなかを壊す」とあります。現代のエビデンスから見ると、蕎麦を食べた後に蕎麦湯を飲まなくてもおなかを壊したりはしません。ただし蕎麦の栄養成分は、ゆで汁に溶け出していますから、蕎麦湯を飲むことは、栄養的にも理にかなっているのです。

蕎麦の栄養については後述しますが、蕎麦のうま味成分である蕎麦のたんぱく質が流れ出ているのですから、おいしくないわけがありません。蕎麦のゆで汁は滋味《じみ》深くおいしいという点も、蕎麦湯を飲む理由でしょう。

そもそも江戸っ子にはエコな暮らしが根付いていましたから、蕎麦の成分がたっぷりと溶け出した湯を捨てるのはもったいないと

蕎麦湯を入れるのにおなじみのこの入れ物、名前を「湯桶(ゆとう)」という。

蕎麦つゆに蕎麦湯を足して飲むのは、まさに和みのとき。おいしい蕎麦つゆは蕎麦湯を足して飲んでもおいしいので、「蕎麦湯にはその店の味がある」ともいわれている。

思ったのでしょう。

ちなみに、蕎麦切りがはやり出したころ、蕎麦のつゆは垂れみそであり、蕎麦を和えて食べていました。

その後、蕎麦つゆはだしとしょうゆ、みりん、砂糖で作った現代のようなものに変化。江戸蕎麦のつゆは、濃い口しょうゆのきいたキリリとしたつゆですから、残った蕎麦つゆに蕎麦湯を入れると非常に美味。締めに蕎麦湯を飲むのが、江戸における蕎麦の流儀となっていったのです。

さらに近ごろでは、蕎麦湯に蕎麦粉を加え、ドロリと粘度の高い蕎麦湯を提供する店もあります。こうなると、蕎麦湯も立派な一品の料理といえるでしょう。

江戸で花開いた蕎麦文化

つなぎに小麦粉を使ったツルツルの蕎麦が登場

江戸時代のグルメといえば、江戸は蕎麦、大阪はうどんと思いますが、意外にも、江戸開府当初は、江戸でもうどんが食べられていました。東海道などの街道で麺を食べさせていた茶屋でも、「うどん、蕎麦切り」の順で看板が出ていたことから、うどんがメジャーだったことがうかがえます。

江戸初期は蕎麦打ちの調理法や技術が今ほど発達していなかったため、蕎麦はボソボソとしていました。蕎麦に小麦粉をつなぎとして使うことが広まり、江戸の蕎麦切りが確立。江戸中期以降、一気に蕎麦人気に火がついたのです。

ちなみに小麦粉をつなぎとして使い始めたのはいったい誰なのか。これについては、明確な答えがありません。明治生まれの小説家で料理人でもある本山荻舟《もとやまてきしゅう》は『飲食事典』という著書の中で「韓国から来た元珍という僧が、東大寺の僧に教えた」と記していますが、そもそも元珍の存在が確認できず、また東大寺からどのように江戸につなぎの技術が伝わったのかも明らかではないため、一般的な説としては採用されていません。ただし、朝鮮半島におけるつなぎの歴史は古いので、間違いではなさそうです。

江戸で蕎麦がはやる前からうどんは食べられていたので、蕎麦粉にうどんの小麦粉を混ぜてみようと考える人が現れたとしても不思議はありません。経緯は不明ながら、江戸式のツルツルとのどを通るコシのある蕎麦が誕生しました。

また、現在の千葉県銚子市など、江戸の近郊でしょうゆ作りが盛んになってきたことで、それまでの垂れみそから、だしと濃い口しょうゆを使った蕎麦つゆへと変化。ねぎやわさびなどの薬味、蕎麦の締めに蕎麦湯を飲む習慣なども広まり、現代に通じる江戸蕎麦が確立したのです。

麺

蕎麦粉に小麦粉をつなぎとして使うことで、のどごしよくコシがあるツルツルの麺が完成。

つゆ

それまでの垂れみそ＋大根汁から、だし、しょうゆ、みりん、砂糖で作るつゆへと変化。

薬味

ねぎやわさび、大根おろしなどの薬味は、垂れみそ時から引き継がれて定番化した。

蕎麦湯

健康のために飲まれていた蕎麦湯。蕎麦を食べた後の締めに飲むことが定着する。

江戸の町では蕎麦が大はやり！

大火事の後　江戸に蕎麦屋が誕生

　徳川家康が着任し、江戸幕府が開かれたころ、人々にはお金を払って外で食事をとる外食文化はありませんでした。茶店はあったものの、食事は自宅でとっていたのです。これが大変化するきっかけは、１６５７年に起きた明暦《めいれき》の大火《たいか》。江戸市中の３分の２を焼き尽くしたともいわれる大火事の後、江戸には建設ラッシュが起こり多くの職人がやってきます。また、参勤交代により、大名といっしょに多くの武士も国元から江戸に単身赴任してきました。そこで外食産業が必要になったのです。

　料理茶屋の元祖といわれているのが、浅草・待乳山《まつちやま》の門前にあった「奈良茶飯」という一膳飯屋。これに続いて、１６６１～１６７３年ごろ、蕎麦屋も誕生します。日本橋の瀬戸物町（現在の東京都中央区）に開業した「信濃屋」が、江戸の蕎麦屋の始まりといわれています。ちなみに蕎麦屋という呼ばれ方が一般的になったのは１７２０年ごろ。信濃屋が開業したころは、慳貪屋《けんどんや》と呼ばれ、うどんと蕎麦の両方を扱っていました。

　明暦の大火以前は日本に外食文化がありませんでしたから、店側からすると「銭を払ってまで食べたいと思われる、おいしい蕎麦を作らなくては」ということになり、蕎麦の打ち方や味が研究されていきます。

　寺方蕎麦から庶民へと広まっていった蕎麦は、家庭で食べる蕎麦や郷土料理として定着。その一方、江戸の蕎麦はプロが作る粋な蕎麦へと進化していったのです。

ちなみに、江戸時代の蕎麦というと、屋台の蕎麦屋を思い浮かべる人も多いでしょう。

当時の衛生事情を考えれば、店で提供される粋な江戸蕎麦とは一線を画すものの、庶民の胃袋を満たすファストフードとして需要がありました。

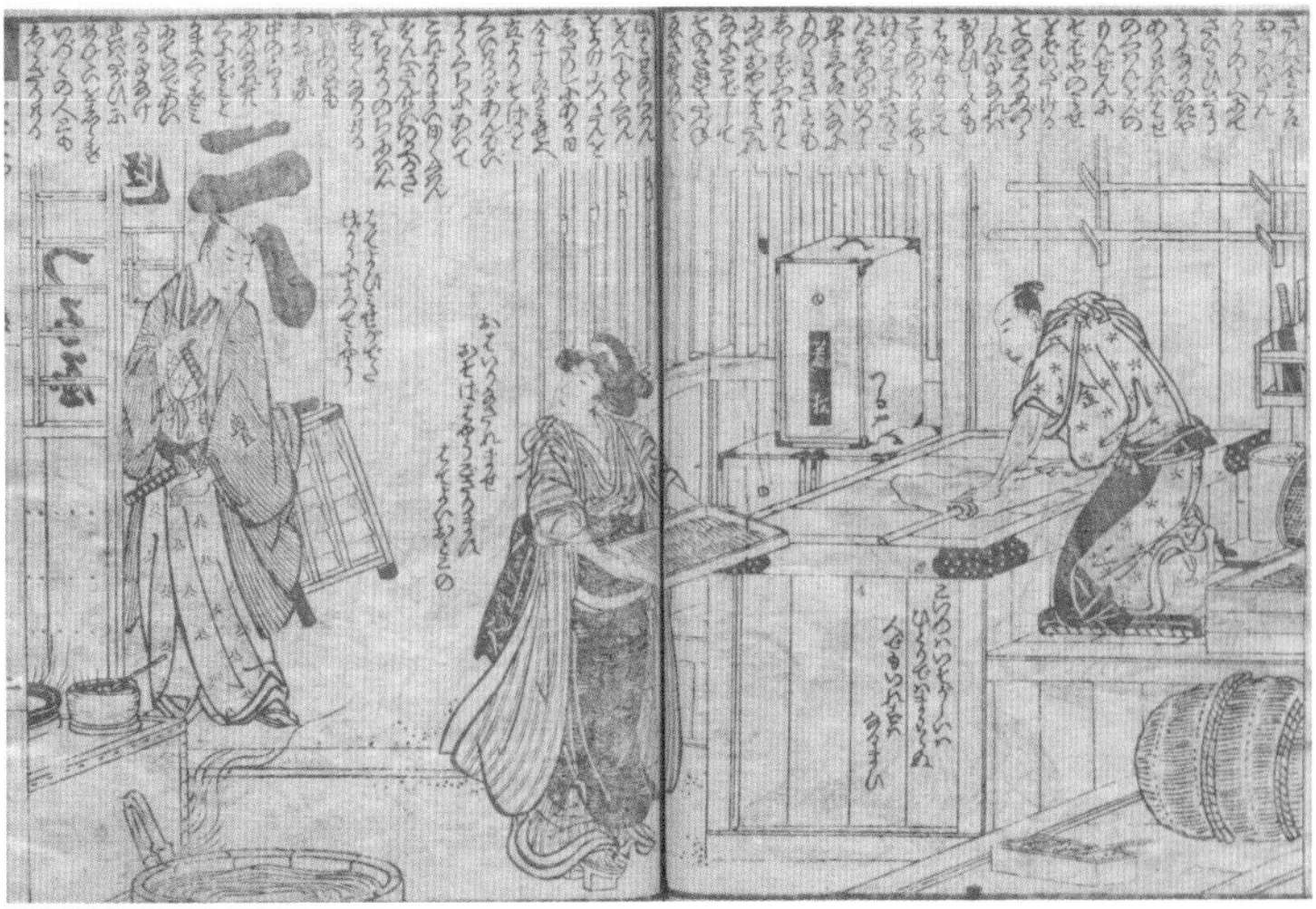

作・南杣笑楚満人、画・歌川豊広による戯作『仇敵手打新蕎麦』の一場面。江戸時代の末期には、現在の東京よりも多い、3760店以上の蕎麦屋があったという。
出典:南杣笑そまひと 戯作 ほか『手打新蕎麦 : 2編6巻』,泉市,[文化4(1807)]. 国立国会図書館デジタルコレクション

日本橋にあった高級蕎麦店「東橋庵」が描かれた歌川広重の『名所江戸百景』。右に蕎麦の出前をしている人も描かれている。
歌川広重『名所江戸百景』「日本橋通一丁目略図」(ほしひかる提供)

江戸時代の蕎麦屋の品書き

江戸時代には現代のメニューが確立

天麩羅も卵とじも江戸時代に登場

　寺方蕎麦《てらかたそば》として蕎麦切りが始まったころは、蕎麦を垂れみそに和えて食べていました。では、江戸の町で蕎麦が大流行した江戸中期以降は、いったいどんな蕎麦が食べられていたのでしょう。

　ここで、喜田川守貞《きたがわもりさだ》が著した『守貞謾稿《もりさだまんこう》』を見てみましょう。ちなみに『守貞謾稿』とは、江戸時代の風俗や物事について、江戸、大坂、京都の様子を書き記した百科事典のようなもの。当時は原稿のままでしたが、明治になって出版されました。食事に関しては、料理の解説なども丁寧にされています。

　このなかには、蕎麦屋の品書きが次のように記されているのです。

　一文は現代の価値に換算すると10～30円といわれるので、間をとって20円で計算してみます。

御前　大蒸籠
　代四十八文（約960円）
一　そば　代十六文（約320円）
一　あんかけうどん
　代十六文（約320円）
一　あられ
　代二十四文（約480円）
一　天麩羅
　代三十二文（約640円）
一　花まき
　代二十四文（約480円）
一　しっぽく
　代二十四文（約480円）
一　玉子とじ
　代三十二文（約640円）
一　上酒一合
　代四十文（約800円）

あられとは、小柱をかけそばの上に散らしたもの。しっぽくは卵焼きやかまぼこなどの具を盛ったもので、現在のおかめ蕎麦のような蕎麦でした。

また、この品書きには載っていませんが、『守貞謾稿』には鴨南蛮や親子南蛮、変わり蕎麦などの記述もあります。

メニューはバラエティーに富み、そこそこの値段だったことが分かります。現代までもつながっている蕎麦屋のメニューは、江戸時代にはできあがっていたのです。

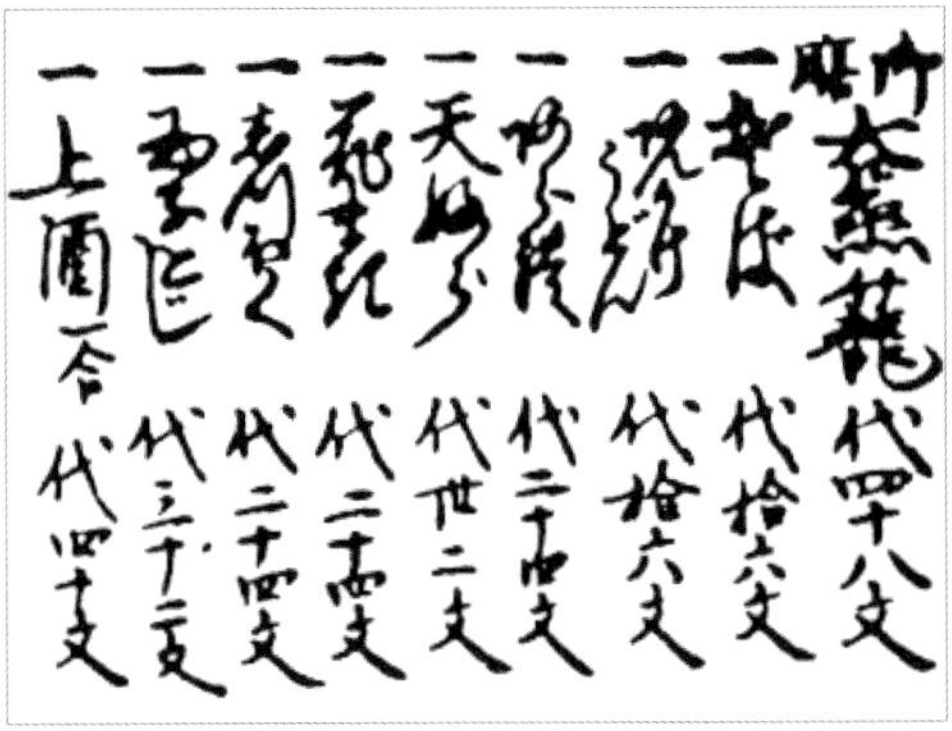
御膳大蒸籠　代四十八文
一　そば　代拾六文
一　あんかけうどん　代拾六文
一　あられ　代二十四文
一　天ぷら　代卅二文
一　花まき　代二十四文
一　しっぽく　代二十四文
一　玉子とじ　代三十二文
一　上酒一合　代四十文

江戸後期の蕎麦屋の品書き。メニュー豊富で、酒も売られていた。蕎麦屋で一杯を、江戸の人々も楽しんでいたことが分かる。　出典:『守貞謾稿』

十返舎一九が旅の道中記を記した『諸国道中金の草鞋』内に描かれている蕎麦屋。紙が帯状に垂れているのが店の看板。
出典:十返舎一九 著 ほか『諸国道中金の草鞋』22,嵩山堂,. 国立国会図書館デジタルコレクション

江戸は蕎麦、京都・大坂はうどんが好まれる理由

江戸と大坂、味の違いは水にあり!?

関東の水にはかつお節が関西の水には昆布が合う

江戸でも最初は蕎麦より先にうどんが食べられていました。ただし、江戸時代中期になるとうどんよりも蕎麦が優勢となり、江戸時代の終わりには、蕎麦一辺倒となっていきます。なぜ、江戸では蕎麦が大はやりし、京都・大坂ではうどんが優勢のまま現代に至っているのでしょうか。その理由のひとつに、関東と関西におけるつゆの作り方があると考えられます。

関東と関西のつゆはだしの材料からして違います。関東のだしは、カツオの枯れ節やサバ節などを厚く削るのが特徴。これをグツグツ煮詰めてだしをとります。

一方関西は、かび付けされていない荒節の表面を薄く使った薄削りと昆布を使ってサッとだしをとります。魚のうま味であるイノシン酸、昆布のうま味であるグルタミン酸が合わさった、複雑で繊細なだしとなります。

かえしに使うしょうゆも別もの。関東は味もうま味も強い濃い口しょうゆ。関西は塩味は強いけれどうまみの少ない薄口しょうゆ。

関東のつゆはもり蕎麦によく絡む濃厚なつゆとなり、関西はかけうどんとともに、最後の一滴まで飲み干したくなる、お吸い物のようなつゆに仕上がるのです。

つゆの違いが生まれた背景には、関東と関西の水の違いが考えられます。日本の水は一般的に軟水ですが、関東と関西の硬度を比べると関東は60~100㎎/Lであるのに対し、関西は30~40㎎/L。硬度が高い水だとカツオの香りが

効いてくるし、昆布だしは軟水のほうが抽出されやすいという特徴があります。

また、北海道でとれた昆布は北前船で運ばれ、先に京都・大坂でいいものが卸されているため、関東には残り物の昆布しか回ってこなかった、という説もあります。

いずれにしても、関東のかつおだしに、濃い口しょうゆと砂糖、みりんがよく合ったのです。結果、関東は色の濃い、蕎麦に絡むしっかりした「おつゆ」となり、関西はうどんに合う薄味の「おだし」となりました。

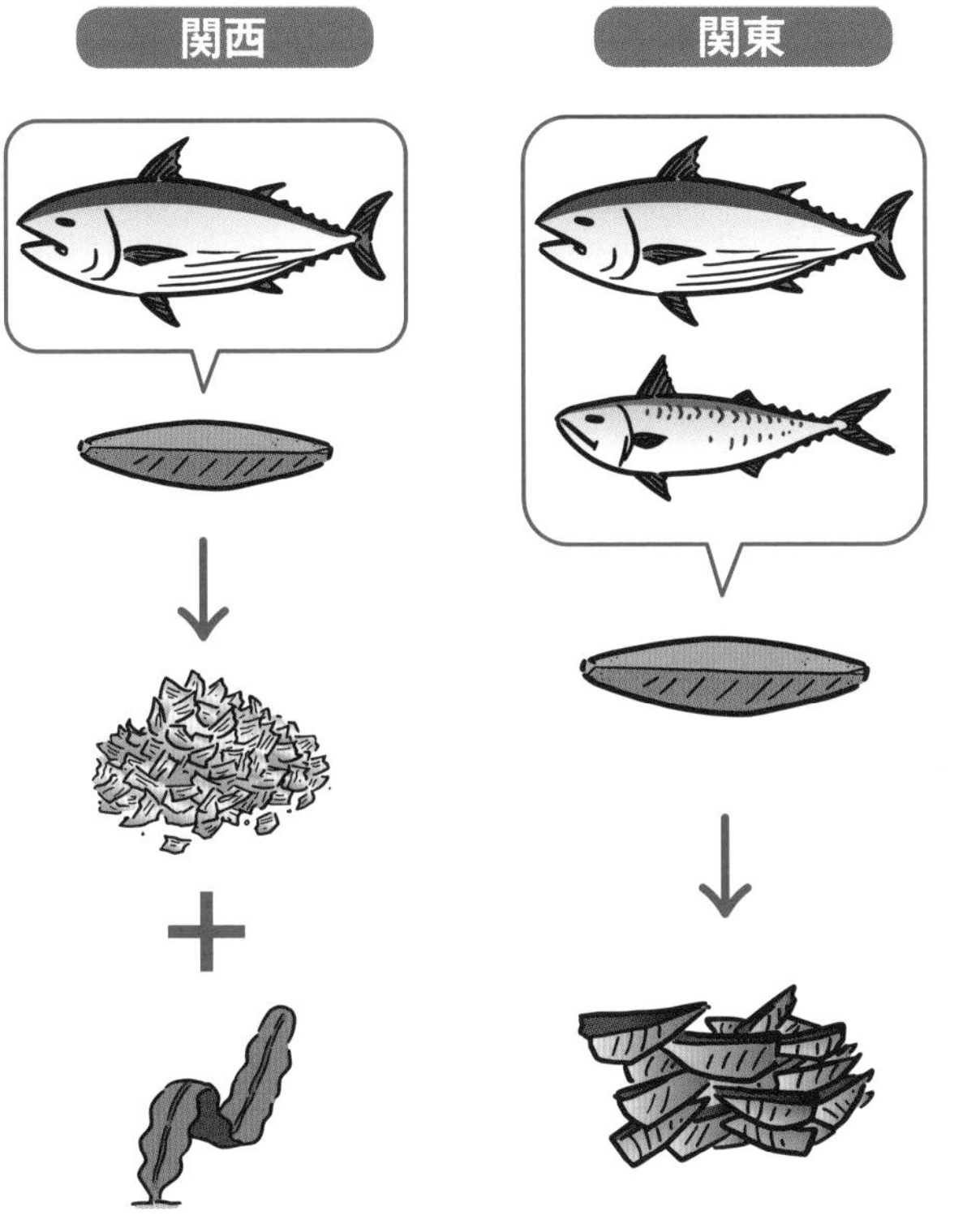

関西のだしは、カツオの荒節を薄く削った薄削りと、昆布が材料。カツオと昆布のうま味が混ざり合い相乗効果でうま味が増す。

関東のだしに使われるのは、カツオやサバ。かつお節は荒節の表面を削ってかび付けをした枯れ節が好まれる。これを厚めに削りグツグツ煮込む。

江戸でかつお節を使ったのは商人の心意気!?

江戸の身分制度は士農工商。江戸の商人にとって武士は身分こそ上ですが「対等でいたい、食べることでは負けたくない」という気持ちがあったそう。「勝男武士（＝武士に勝つ）」を厚く削ってグツグツ煮込むのも、商人の負けん気の表れだったとか。真偽はともかく、しゃれの効いた江戸っ子らしいエピソードです。

「きそば」？「なまそば」？とは何のこと？

生蕎麦は高級蕎麦の代名詞だった

「きそば」と「なまそば」読み方で意味が異なる

蕎麦粉につなぎを使う技術のなかった江戸中期以前は、すべての蕎麦が蕎麦粉オンリーの十割蕎麦でした。その後、小麦粉をつなぎに使った二八蕎麦が大ブームに。ところが今度は、小麦粉の割合が増えていき、蕎麦の品質が低下。つなぎを使った蕎麦＝「駄蕎麦《だそば》」のレッテルが貼られることもありました。

このとき、高級店が「うちはつなぎを使っていない、混じりっけなしの蕎麦」と宣伝するのに使った言葉が「生蕎麦《きそば》」です。

しかし、生蕎麦＝高級蕎麦のイメージが定着すると、二八蕎麦の店も生蕎麦を名乗るようになりました。蕎麦屋の看板に「生蕎麦」とあるのは当時の名残で、十割蕎麦を提供しているという意味ではなくなっています。

ちなみに、生蕎麦を「なまそば」と読む場合、乾麺に対しての「生《なま》」であり、水分を多く含む麺や、ゆでる前の生麺を指します。

「生蕎麦」とうたうことで、二八蕎麦とは違う、高級蕎麦屋であることをアピールしていた。その名残で現代の蕎麦屋ののれんや看板に「生蕎麦」の文字が。

「二八蕎麦」の由来

蕎麦粉の割合か蕎麦一杯の代金か……

二八は蕎麦を表す隠語だった

二八蕎麦の「二八」は何を指すのか。これには大きく分けて二つの説があります。

一つは蕎麦粉とつなぎの割合説。つなぎ2割、蕎麦粉8割の蕎麦を「二八」と呼んだというものです。ただし、二八うどんや二八にゅうめん、三四蕎麦などもあり、これらは、明らかにつなぎの割合とは無関係です。もう一つは値段説。江戸で蕎麦が大流行したころの蕎麦の値段は16文。江戸っ子は何かにつけてしゃれが好き。「蕎麦」と呼ばず、隠語で「二八（2×8＝16）」と呼んでいたというのが値段説です。ただし、慶応年間（1865～1868年）に入ると蕎麦の代金は値上がりし20文を超えていくので、値段説は当てはまらなくなります。

実は、「二八蕎麦」の由来がはっきりしないのは、今に始まったことではありません。由来については、蕎麦好きの間でずっと議論がくり返されてきたテーマなのです。

江戸の浮世絵師・歌川豊国が描いた二八蕎麦の屋台。
三代 歌川豊国画『鬼阿ざみ清吉』東京都麺類協同組合「浮世絵に見る二八そば」ポストカードより

更科堀井《さらしなほりい》

江戸のセレブに愛された純白の高級蕎麦

　更科の創業は、寛政《かんせい》元（1789）年。麻布永坂《あざぶながさか》に「信州更科蕎麦処　布屋太兵衛《ぬのやたへえ》」を開店したのが始まりです。蕎麦屋なのに店名は「布屋」。実は更科の創業者である布屋太兵衛（本名・堀井清右《ほりいせいえ》衛門《もん》）の本業が、信濃布の行商だったことに由来します。

　堀井家の出身は信州更級郡保科村。堀井家の初代が江戸で滞在していたのが、信州高遠藩の元領主・保科家の長屋でした。そんな縁で清右衛門が趣味で打っていた蕎麦の腕が見込まれ、保科家の江戸屋敷からほど近い麻布永坂町に蕎麦屋を開業しました。出身地の「更級」ではなく「更科」蕎麦としたのは、お殿様である「保科」の一字を頂いたと伝えられています。

　保科家のお墨付きとなった「布屋太兵衛」は、上品な蕎麦が大評判に。「更科」の代名詞ともいえるのが、真っ白な「さらしなそば」です。これは、出前をしたときに時間がたっても見栄えがいいよう、研究を重ねた結果だそう。この技術を磨き上げたのは、4代目の妻である堀井トモ。4代目である夫と、5代目になる息子を立て続けに失い、苦境に陥ったとき、評判だった「御前そば」の改良に着手。現在の「さらしな粉」に近い、真っ白な蕎麦粉を作り上げました。

　こうして、明治時代半ばの最盛期には、皇家や宮家にも蕎麦を届ける、大のれんとして繁栄。日本全国に「更科」という名の店があるのは、この人気にあやかろうとしたからといわれています。

明治10（1877）年ごろの店舗。山の手の武家屋敷の中に、店が構えられていた。
『写された港区 三』（小沢健志氏提供）より

九代目店主の堀井良教さん。老舗の味を守りながらも、今の人に好まれる蕎麦になるよう、改良を加えているという。

「総本家　更科堀井」があるのは、麻布十番商店街の一角。大きな提灯が目印だ。
東京都港区元麻布3-11-4

更科蕎麦の味を守る直系店「総本家 更科堀井」は、つゆは蕎麦の種類に合わせて甘口と辛口の2種類を用意。かけそばのつゆには関西の薄口しょうゆを使用し、薬味のねぎは芯を抜いて細く切っています。このように細部にまでこだわった丁寧な仕事が、江戸の上品な蕎麦の味を今日まで伝えているのです。

室町砂場《むろまちすなば》

大坂で生まれ江戸で愛されてきた老舗

「砂場」の始まりは大坂。豊臣秀吉が大坂城築城の際に砂を置いていた砂置き場が、そのまま「砂場」という名で呼ばれていて、ここにできた「和泉屋《いずみや》」「津国屋《つのくにや》」という麺類を扱う店が「砂場」と称されたそう。このうちの「和泉屋」が「砂場」のルーツといわれています。寛政《かんせい》10（1798）年に全巻が発刊された『摂津名所図会《せっつめいしょずえ》』には「砂場いづみや」の様子が描かれており、この店は江戸時代を通じて繁盛していたそうです。

寛延《かんえん》4（1751）年に書かれた『蕎麦全書』に「薬研堀《やげんぼり》（現在の東京都中央区）大坂砂場そば大和屋」の名が。いづみやの誰がいつ江戸へ出てきたのか、この「大和屋」が現在の「砂場」とどうつながるのか定かではありませんが、以来、江戸の蕎麦史に「砂場」の名が燦然と輝きます。

1800年代には茅場町（中央区）や久保町（港区）、麹町（千代田区）など「砂場」が開店し、のれん分けにより拡大。「砂場会」が形成されています。

蕎麦屋最古ののれんを継承する「砂場」を代表するのが、山岡鉄《やまおかてっ》舟《しゅう》、高橋泥舟《たかはしでいしゅう》、勝海舟《かつかいしゅう》の幕末三舟に愛され、山岡鉄舟の書が店内に残る「虎ノ門大坂屋砂場」（港区）。さらしな粉を卵でつないだ「ざる」と挽きぐるみの粉などを二八でつないだ「もり」を蕎麦粉から作り分けたり、夏にも天ぷら蕎麦を楽しめるように「天ざる」を考案した「室町砂場」（中央区）など、個性豊かに魅力を発揮しています。

『摂津名所図会』に描かれた「砂場いづみや」。蕎麦屋というよりまるでひとつの町。お客の座席がいくつもあり、調理場には大勢の店員が蕎麦粉を挽いたり蕎麦を打ったり、釜に火をくべている様子が描かれている。
出典:『摂津名所図会』（関西大学なにわ大阪研究センター所蔵）

坪庭の緑が明るい。情緒ある雰囲気の中、気軽に蕎麦を楽しめる。

天もり、天ざるはこの店が発祥。「天もり」は、芝えびや小柱たっぷりの分厚いかき揚げが入った濃いめのつゆに、挽きぐるみなどの蕎麦粉を二八でつないだ蕎麦をつけていただく。

「室町砂場」は、JR神田駅から徒歩約3分。食事どきには大行列ができる人気店。東京都中央区日本橋室町4-1-13

「天ざる」で使われる蕎麦は、さらしな粉を卵でつないで作られたもの。滑らかで、くせのない甘みが特徴だ。

かんだやぶそば

香り高い蕎麦と辛いつゆに感じる江戸の粋

江戸から現代に続いている老舗三大蕎麦屋の一つが藪蕎麦。その源流は、駒込団子坂《だんござか》（現在の東京都文京区）にあった高級蕎麦屋「蔦谷《つたや》」です。名前に「藪」がついていないのを不思議に思う方もいるでしょう。実は「藪」は通称でした。もともと雑司ケ谷《ぞうしがや》（現在の豊島区）清流院あたりの藪の中にあった蕎麦屋が、「藪蕎麦」として人気を集めていたそう。その人気にあやかり、江戸のあちこちに「藪」を名乗ったり、「○○の藪」と通り名で呼ばれる店が出現。団子坂蔦谷も「藪蕎麦」の名で親しまれ、人気を博したのです。

団子坂の本店は廃業しますが、それ以前の明治13年に神田連雀《かんだれんじゃく》町《ちょう》（現在の千代田区）の支店を、堀田七兵衛が譲り受け、「連雀町藪蕎麦」を創業。これが現在の「かんだやぶそば」の始まり。浅草の「並木藪蕎麦」、上野の「上野藪そば」といった藪一門の礎となりました。

ちなみに堀田七兵衛は、浅草蔵前の蕎麦屋「中砂《なかすな》」の4代目でした。江戸から続く名店のひとつ、「砂場《すなば》」（36ページ）系の店でしたが、藪蕎麦の経営に切り替えます。そして店を繁盛させつつ弟子を育て、子や孫に藪蕎麦をのれん分けしていったのです。

藪蕎麦の特徴は、甘皮がついたままの実を挽いた香り高い麺。また、蕎麦の色はほんのり緑色がかっています。これは、見た目の清涼感を高めるための工夫で、最初はわかめが使われていたそうです。つゆは辛め。常連に職人が多かったことから、汗をかいた体には、濃い味が好まれたのだろうと想像できます。

　香り高い蕎麦を、キリッとした冷たい辛いつゆでいただく。これが江戸の粋とされ、現代まで愛され続けているのです。

「蔦屋」が繁盛していたころの団子坂を描いた浮世絵。描かれているのは「花屋敷」と呼ばれた建物だが、この団子坂を上った右手に蔦屋があった。明治時代には、約2000坪の広大な敷地内に、瀟洒な離れや滝を配置した庭園があり、自然の情緒も楽しめる蕎麦屋だった。
歌川広重『名所江戸百景』「千駄木団子坂花屋敷」（ほしひかる提供）

大正時代、関東大震災の後に建て直された「かんだやぶそば」の前店舗。江戸情緒を受け継ぐ数寄屋造りが特徴で、都選定歴史的建造物でもあった。
画像提供:ほしひかる

「かんだやぶそば」の現在の店舗。江戸情緒満点の雰囲気、店員さんの「ありがとう存じます」という挨拶や、帳場への通し言葉など「情緒ごと味わえるおいしい蕎麦」を楽しめる。
東京都千代田区神田淡路町2-10

長寿庵

全国の長寿庵は「三河屋」宗七から始まった

関東の人は「長寿庵」という蕎麦屋になじみがあるのではないでしょうか。「長寿庵」ののれんを引き継ぐ店は、関東を中心に数多く展開しており、業界最多の店舗数を誇っています。

長寿庵の始まりは、江戸時代中期の宝永3（1706）年。三河国宝飯郡（現在の愛知県蒲郡市）から江戸に出てきた宗七という若者が、京橋五郎兵衛町（現在の東京都中央区）に蕎麦屋「三河屋」を創業したのが原点です。3代目から4代目のころに、宗七の出身地である宝飯郡の老人が「193年生きた」と幕府から「長寿」をたたえられたことにあやかり、「長寿庵」を通称するようになったそう。その後、弟子がのれんを引き継ぎ拡大していきました。

全国各地の「長寿庵」はチェーン店ではなく、高級志向の店もあれば大衆志向の店も存在。地域密着型の店として、それぞれの地域で愛されています。

「茅場町 長寿庵」は、地下鉄茅場町駅の目の前にあるビルの地下にある。東京都中央区日本橋茅場町1-9-4

江戸から続く老舗蕎麦屋⑤

尾張屋

お地蔵様も永井荷風もファンだった浅草の名店

浅草雷門通りの「尾張屋」は、明治3（1870）年創業。ただし、戦争で資料がなくなったために分かる限りでそういっているだけで、実は幕末には開業していたそう。実際、江戸時代に発刊された『絵本江戸土産』には、浅草「おわりや」が描かれています。

そんな「尾張屋」にはユニークな伝説が。江戸中期、毎夜蕎麦を食べにくる僧がいて、気になった店主が後をつけると、誓願寺の地蔵堂の前でスーッと消えたそう。「あのお坊さんはお地蔵さんだったのか」とそれ以降、毎日、蕎麦を供えたところ、江戸で悪い病気がはやったとき、尾張屋一家は全員無事だった、というものです。このお地蔵さんも健在。現在は移転され、練馬区の九品院《くほんいん》に安置されています（122ページ参照）。

また、「神田 尾張屋本店」の3代目、田中秀樹さんは日本麺類業団体連合会の会長を務めるなど、蕎麦屋の発展に注力しています。

「神田 尾張屋本店」は、雷門通りの「尾張屋」で修業した田中儀三郎が大正12（1923）年に独立した店。2代目のころには、田中家が寛永寺の檀家総代だったことから、年越し蕎麦を引き受ける「寛永寺御用達」に。サラリーマンが多い場所柄、昼には400グラムもある「特盛さくらせいろ」が用意されている。
東京都千代田区神田須田町1-24

Column

江戸「ソハキリ」のカギを握る常明寺を探せ!

蕎麦切り発祥の地には諸説ありますが、江戸の蕎麦切りがどこで始まったかもまた、ナゾに包まれています。手がかりは「常明寺」にありそうで……。

江戸において「ソハキリ」が文献に初登場するのは、慶長19（1614）年に書かれた「慈性《じしょう》日記」。これは慈性という僧が書いた日記で、2月3日に「常明寺へ、薬樹・東光にもマチノ風呂へ入らんとの事にて行候へ共、人多ク候てもとり候、ソハキリ振舞被申候也」とあります。

「常明寺に行き、僧仲間の薬樹院（の僧）、東光院（の僧）と町の風呂（銭湯？）に行ったが混んでいたので戻り蕎麦切りを振る舞われた」と解釈できます。ただしこの「常明寺」がどこにあったのか、分かっていません。

慈性、薬樹院、東光院いずれも天台宗の僧であることから、おそらく天台宗の寺であること。また、慈性の行動範囲から推察するに、おそらく現在の東京都千代田区、中央区、台東区あたりにあったと考えられています。

歴史のなかで寺社は発展することもあれば、廃寺になったり吸収されることもあります。「常明寺」も歴史の波にのまれてしまったのでしょう。

いずれにしても慈性が日記に書き記してくれたおかげで、江戸初期には江戸で蕎麦切りが当たり前に食べられていたと、知ることができるのです。

一、薬樹院ノ肝煎町右衛門ヲと丶(留)め南光坊ヲ申入候、参候而入候、

〔二月〕

二月朔日、

一、南光坊(天海)へ見舞候、今日仙波(喜多院)へもと(戻)り被申候、神田社へ参候、其より東光院(證長)へ立寄、もとの東ノ若衆ノ由、半三郎見物申候、

三日、

一、常明寺へ、薬樹(入湯)・東光にもマチ(町)ノ風呂へ入らんとの事にて行候へ共、人多ク候てもとり候、ソハキリ(蕎麦切)振舞被申候也、

四日、

一、東光院・薬樹院・法橋(惣宗寺光運)・金乗院也、東光ノ内何も食申入候、

五日、

一、後三教ノ見聞ノ講尺(釋)、東光院ニテきゝ(聽)候也、

一、薬樹院ヲ振舞候、其座咄ニ一子安▨語ヲ申セとの事、

天海仙波喜多院へ向ふ

町風呂

蕎麦切

東光院にて後三教見聞の講釋あり

慈性日記第一　慶長十九年二月　七

「ソハキリ」を振る舞った常明寺はどこにあったのか……。蕎麦好きの空想をふくらませる一文だ。
『慈性日記』林 観照校訂（続群書類従完成会）より

第2章　蕎麦屋の品書きと文化

「ざる蕎麦」と「もり蕎麦」の違いって？
関東と関西で「たぬき」や「きつね」は別物!?
蕎麦屋の屋号にはなぜ「庵」がつく？　……など、
蕎麦屋の品書きや屋号にまつわる
知識や文化を深めましょう。

「もり」「ざる」「せいろ」の違いとは？

呼び名の違いだけでどれも冷たい蕎麦

同じ冷たい蕎麦なのに、「もり蕎麦」「ざる蕎麦」「せいろ蕎麦」とメニュー名が異なります。本来は器の違いなのですが、それだけともいいきれません。なぜそのような違いが生まれたのでしょう。

江戸で蕎麦切りがはやり始めた当初、皿に盛った蕎麦を、つゆにつけて食べていました。これに対し、蕎麦に直接つゆをかけた「ぶっかけ」が登場。これまでのつけ蕎麦タイプが「もり蕎麦」と呼ばれるようになりました。

やがて、蕎麦を一人前のざるに入れて提供する店が登場。始まりは深川州崎（現在の東京都江戸川区）の「伊勢屋」だといわれています。水が切れて蕎麦が水っぽくならないと、「ざる蕎麦」をまねる店が増えていくのです。

一方、蒸し器の「蒸籠《せいろう》」に入れて蕎麦を提供する店も登場。蕎麦専用の「蕎麦せいろ」が作られ、それで提供する蕎麦を「せいろ蕎麦」と呼ぶようになりました。

明治以降、蕎麦に海苔をかけたり、高価な蕎麦粉を使ったり、特製の蕎麦つゆを用意するなど、「ざる蕎麦」を高級品として売り出す店が現れました。現在、冷たい蕎麦に海苔をかけて提供する店があるのは、この名残と考えられます。

「もり」に海苔がかかっていたり、「ざる」でも海苔がない場合も。さらに「ざる」でもせいろに盛られていたりと、店によって区別はそれぞれ。また、海苔が蕎麦の香りを邪魔すると、海苔なしを好む蕎麦好きも多くいます。

「更科堀井」では、「もり」「さらしな」「太打ち」などの冷たい蕎麦は、いずれも朱塗りのせいろで提供される。

海苔をかけたものを「ざる蕎麦」と呼んだのは、明治以降のこと。「ざる蕎麦」が「海苔かけ」というわけではない。

「ぶっかけ蕎麦」が「かけ蕎麦」に

「ぶっかけ蕎麦」は、立ちながら食べられる冷やがけが始まりとされています。その後、寒い季節には、蕎麦を温め、熱いつゆをかけた「ぶっかけ」が考案され、広まっていきました。やがて「ぶっかけ」をさらに縮めて「かけ（蕎麦）」と呼ばれるようになったのです。

東京と大阪の「たぬき」は別もの！

東京の「たぬき」は大阪の「きつね」!?

「たぬきをください」「きつねをお願い」と注文したとき、東京、大阪、京都ではまるで違うものが出てくることをご存じでしょうか。

東京で「きつね」といえば、甘く煮た油揚げをのせたもの。蕎麦かうどんは好みで選び、「きつね蕎麦」か「きつねうどん」を注文します。そして、「たぬき」といえば揚げ玉を散らしたもの。ごま油で揚げた揚げ玉の色から「たぬき」と名付けられたそうですが、こちらもやはり、蕎麦かうどんは好みで選びます。

一方、大阪で「きつね」といったら、煮た油揚げをのせたうどんのこと。麺はうどん一択で蕎麦はありません。東京でいう「きつね蕎麦」を食べたいときは、「たぬき」と頼みます。麺が、うどんから蕎麦に化けたから「たぬき」というわけです。

所変わって京都の場合、「きつね」といったら、油揚げを細かく刻んで九条ねぎと合わせたうどんのことを指します。これにあんかけをかけると、「きつねがドロンと化けた」ということになり、名称は「たぬき」に変わります。そして、東京でいう甘い油揚げの「きつね」は「甘ぎつね」と呼ぶそうです。

ちなみに、揚げ玉をのせた蕎麦やうどんのことは、関西では「ハイカラ」や「揚げ玉」と呼ばれることもあれば、そもそも揚げ玉はセルフサービスで好きなだけかけられるのでメニューにはない店も多いそうです。

東京・大阪・京都の「きつね」と「たぬき」

	東京	大阪	京都
きつね	 甘い油揚げをのせたもの。蕎麦かうどんは好みで選ぶ	 甘い油揚げをのせたうどん。「きつね蕎麦」は存在しない	 細かく切った油揚げと九条ねぎをのせたうどん
たぬき	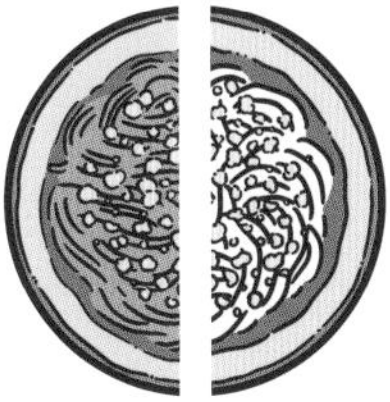 揚げ玉をのせたもの。蕎麦かうどんは好みで選ぶ	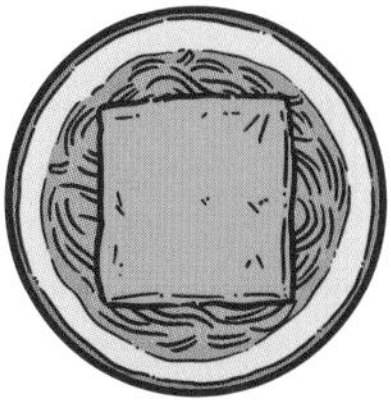 甘い油揚げをのせた蕎麦。「たぬきうどん」は存在しない	 細かく切った油揚げと九条ねぎをのせたあんかけうどん
ハイカラ		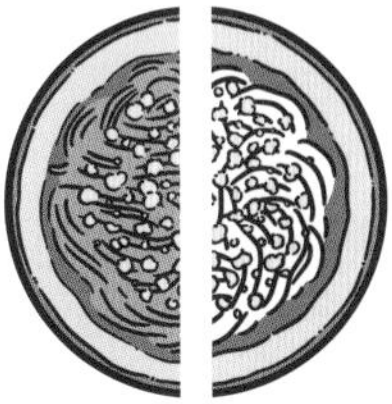 揚げ玉をのせたもの。蕎麦かうどんは好みで選ぶ	
甘ぎつね			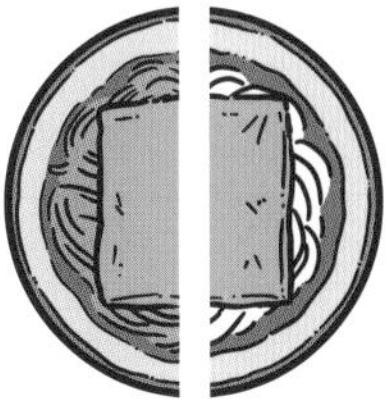 甘い油揚げをのせたもの。蕎麦かうどんは好みで選ぶ

天麩羅《てんぷら》蕎麦は隣同士の屋台が始まり!?

蕎麦屋の天麩羅には花が咲いている!

「天麩羅蕎麦」は、蕎麦屋の人気メニュー。なぜ蕎麦と天麩羅を合わせるようになったのでしょう。

江戸のグルメ四天王といえば、「蕎麦」「天麩羅」「寿司」「うなぎ」。そして、蕎麦も天麩羅も、屋台で人気を博したメニューです。

発祥をたどることはできませんが、おそらく隣の屋台の天麩羅屋の天麩羅を蕎麦にのせたら、相性抜群だった……といったようなことがあったのではないでしょうか。

ちなみに昔の天麩羅蕎麦は、東京湾の芝えびを数本まとめて揚げるのが定番スタイル。芝えびがとれなくなり、現在の車えびに変わったそうです。その車えびにフワフワの衣をまとわせるのが蕎麦屋の天麩羅であり、この揚げ方を「花を咲かせる」といいます。

サクサクの薄い衣で食べる、天麩羅屋のえび天とは別ものですが、衣を厚くするのは、えびを大きく見せたいからではありません。薄い衣のえび天を蕎麦にのせたら、あっという間に衣とえびが分離してしまいます。また、天麩羅蕎麦は、衣がつゆを吸って、つゆと天麩羅が混然一体となるのがおいしさのポイント。そのためには花が咲いた衣が必須です。

天麩羅蕎麦用の天麩羅は、揚げたてをのせず、冷ましてから使う店も多くあります。油が切れていない天麩羅をのせるとつゆが油でギトギトになり蕎麦の繊細な香りが飛んでしまうし、天麩羅の衣がつゆを吸いにくいから。すべてはおいしさのための工夫なのです。

衣に蕎麦つゆがしみこんでおいしさが増すよう、蕎麦にのせる天麩羅は衣が厚くなった。

天麩羅蕎麦が大好物のキツネがいた!?

「天麩羅蕎麦」の文字が文献に初登場するのは、文政10(1827）年の句会で詠まれたという川柳。「澤蔵司(たくぞうす）天麩羅蕎麦が　御意に入り」です。澤蔵司というのは、浄土宗を学んだとされる稲荷大明神で、「澤蔵司稲荷」(東京都・文京区）にまつられています（122ページ参照）。澤蔵司は修行時代に、よく蕎麦を食べにいったそう。人間に化けたキツネが、天麩羅蕎麦をうれしそうに食べている……。想像するとニッコリしたくなるような光景です。

蕎麦屋の品書きうんちく④

おかめ蕎麦は、お面のおかめに似せて作った

湯葉で髪、かまぼこでほおを再現した

「おかめ蕎麦」の具は店によってさまざま。どの具を指して「おかめ」の名がついたのでしょう。

実はネーミングと具材は、まったくの無関係。丼の中に、お面の「おかめ」を具で再現したことで、名前がつきました。はじまりは下谷七軒町（現在の東京都台東区）にあった「太田庵」という蕎麦屋だといわれており、この店は「おかめ蕎麦」が大ヒットして繁盛したそう。やがてほかの店もまねて、メニューに定着していったのです。

湯葉を上のほうに置いて髪（もしくは目とする説も）を作り、ほおはかまぼこで表現。鼻には松茸の薄切りを使っていました。今は店によってさまざまですが、江戸蕎麦の老舗店では、湯葉を踏襲している傾向があるようです。

ちなみに、さまざまな具をのせた蕎麦は「しっぽく蕎麦」として江戸中期以降人気でしたが、江戸後期に「おかめ蕎麦」が登場し、メニューから消えていきました。

「更科堀井」のおかめそば。上のほうに蝶型に結んだ湯葉が入っている。

おかめのお面。いわれてみれば、たしかに似ている!?

蕎麦屋の品書きうんちく⑤

鴨南蛮、カレー南蛮の「南蛮」とは？

長ねぎを「南蛮」と呼ぶわけは？

「鴨南蛮」や「カレー南蛮」の「南蛮」とは、何のことか分かりますか？　実は、「南蛮」とは長ねぎを指す言葉。なぜ長ねぎを「南蛮」というのでしょう。

「南蛮」とは、室町時代以降、タイやルソン、ジャワのことを指す言葉でした。その土地の人だけでなく「南蛮」を経由してやってきた人も「南蛮人」と呼び、彼らが長ねぎを好んで食べていたため、蕎麦の世界では長ねぎを「南蛮」と呼ぶようになったのです。

ちなみに、大阪では「鴨南蛮」とはいわず「鴨なんば」というのが一般的です。これは、明治まで大阪の難波が長ねぎの名産地だったことが理由。長ねぎのことを「なんば」と呼んでおり、長ねぎが入った蕎麦を「鴨なんば」と呼ぶようになったと考えられます。

東京の「南蛮」と、大阪の「なんば」。いずれも長ねぎを指し発音も似ていますが、由来はまったくの別ものなのです。

「更科堀井」の「鴨南蛮」。鴨もさることながら、長ねぎの存在感がしっかりある一品。

田舎蕎麦の定義とは？

黒っぽく太い蕎麦をざっくりまとめた言葉

蕎麦屋のメニューにある「田舎蕎麦」。色が黒っぽく、麺が太く、蕎麦の香りが強い、すするというよりは、かんで味わうなどの特徴があります。

実は、細くて白く（あるいは緑がかっていて）、長くつながっている江戸蕎麦に対して、異なる蕎麦を「田舎蕎麦」と呼んでいるだけで、明確な定義はありません。

麺が黒っぽく太いのは、ソバ殻を取り除いた実を、甘皮ごと挽く「挽きぐるみ」の粉を使っていることが多いから。ソバ殻ごと石臼で挽いてから、ソバ殻をふるいで取り除くという方法で作っている田舎蕎麦もあり、使う蕎麦粉に決まりはありません。また、蕎麦粉の割合についても「田舎蕎麦は十割」と決まっているわけではなく、二八の田舎蕎麦もあります。

「田舎蕎麦」とほぼ同義で、「山《やま》家《が》蕎麦」という場合もあり、こちらは「里山で食べる」というニュアンスが強くなります。

挽きぐるみの蕎麦粉が使われている場合が多く、色は黒っぽい。

蕎麦屋の品書きうんちく⑦

蕎麦寿司とはどんなメニュー？

酢飯の代わりに蕎麦を使った寿司！

江戸を代表する食べ物には、蕎麦のほかに寿司があります。この2つを組み合わせた「蕎麦寿司」を食べたことがある人は、少ないかもしれません。「蕎麦寿司」とは、海苔巻きやいなり寿司の酢飯の代わりに蕎麦を使ったメニュー。海苔巻きの具にはかんぴょう、しいたけ、卵焼きなどが使われることが多く、しょうゆや蕎麦つゆをつけていただきます。

このメニュー、どこが発祥でいつ食べられるようになったか、正確な文献は残っていません。一般的に売り出されるようになったのは幕末ごろだそう。

蕎麦前《そばまえ》（蕎麦を食べる前にお酒を楽しむこと）の肴に出している店や、蕎麦会席の一品として提供している店もあります。また、北海道の釧路では、しょうがを使った蕎麦寿司が定番メニューになっているそう。すすって食べる蕎麦とは違ったおいしさ。見つけたら、ぜひ味わってみてください。

「更科堀井」は「蕎麦寿司」にもさらしな蕎麦を使用。真っ白で、まるで酢飯で作った寿司のよう！

蕎麦屋といえば日本酒なわけ

蕎麦屋はいい酒を飲める場所だった!?

蕎麦屋は酒を吟味しいい酒を置いていた

蕎麦屋にはいい日本酒を置いている店が多くあります。江戸時代の品書きに「上酒一合」とあるように（28ページ参照）、蕎麦屋は酒を楽しむ場所でもあったのです。蕎麦は「食事」としてだけでなく、小腹がすいたときにサッとたぐる「おやつ」に近い感覚でも食べられていました。

そこで、蕎麦が出てくる合間に酒を楽しむ「蕎麦前《そばまえ》」「蕎麦屋酒」の習慣が浸透しました。小腹が空いていますから、酒の味には敏感ですし、酒の肴もほしいところ。種物《たねもの》（かけそばに具をのせた蕎麦）に使う海苔やかまぼこはすぐに出してもらえるので、酒を飲みながらこれらのつまみを楽しみ、最後に蕎麦をサッとたぐるというスタイルが定着したのです。日本酒は一杯か二杯まで、長居はしないというのが、江戸っ子の粋な飲み方でした。

ちなみに、江戸時代の酒は酒屋が量り売りで売っており、水割りにして飲むのが主流だったそう。酒屋の店先に酒を飲めるスペースが造られ、そこで田楽や湯豆腐、煮物などを食べながらチビチビ飲むという居酒屋スタイルの飲み方もありました。それと比べると蕎麦屋の肴は種類が少なく、切っただけ、あぶっただけといったシンプルな調理法のものがほとんど。そのため、酒を吟味していい酒を仕入れるという伝統が生まれたといわれます。「蕎麦屋に行けばいい酒が飲める」と、酒好きにも支持されてきたのです。

うまい酒と、シンプルながらおいしい肴が蕎麦屋にはそろっている。蕎麦を待つ間に一杯は、酒好きにとって至福の時！

日本酒の温度による呼び方

日本酒は温めると甘みを感じやすく、温度が低くなるとスッキリ感が増すなど、温度によって味や風味が変わる。温度ごとに呼び方があるので、自分の好みを伝えるためにも、知っておこう。

冷酒 ⟷ 燗酒

温度	呼び方
5℃	雪冷え
10℃	花冷え
15℃	涼《すず》冷《び》え
20～25℃	冷や（常温）
30℃	日《ひな》向《た》燗《かん》
35℃	人肌《ひとはだ》燗《かん》
40℃	ぬる燗
45℃	上燗
50℃	熱燗
55℃～	飛び切り燗

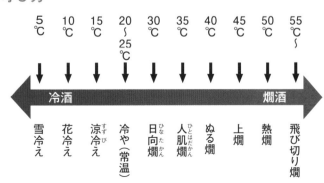

いつも使う食材をシンプルに調理

酒と合い、すぐに出てくるうまいつまみ

蕎麦屋の売りはあくまでも蕎麦。酒の肴は、わざわざ仕入れるのではなくあるものを簡単に調理して、すぐに出せることが肝心でした。味つけも蕎麦つゆに使うかえし（しょうゆ、酒、みりんを合わせたもの）や、だし汁で行います。代表的なものを見ていきましょう。「板わさ」は、板かまぼこを切ったもの。わさびじょうゆをつけていただきます。

板わさ

シンプルなだけに、味の違いも歴然。老舗の蕎麦屋などでは上等なかまぼこが使われている。

卵焼き

蕎麦つゆや、つゆに使うだし汁でのばして焼く。つゆを入れると色が茶色くなるが、うま味は強い。

「卵焼き」はだしや、蕎麦つゆでのばして焼きます。多くの店では大根おろしが添えられています。

「焼き海苔」は、海苔を切っただけのものですが、最後までしけらずパリパリに食べられるように、下段に炭火種を入れて海苔をあぶる「海苔台」に入れて出されていました。今でも老舗の蕎麦屋などでは海苔台が使われています。

「焼きみそ」は木しゃもじなどに味つけした白みそを塗り、あぶったもの。江戸中期までは現在のようなつゆではなく、垂れみそで蕎麦を食べていたので、その名残と考えられます。

「天麩羅」をそのまま出す「天種」。蕎麦屋らしく、また、お酒によく合うつまみです。

焼き海苔

江戸の蕎麦屋では「浅草海苔」が使われていた。海苔台は最後までパリパリの海苔を楽しめる工夫。

天種

天麩羅をそのまま出すメニュー。「海老天種」のほか「野菜天種」や「かき揚げ」も人気が高い。

焼きみそ

白みそに味をつけ、ソバの実や刻んだ長ねぎなどと合わせしゃもじに塗り、火であぶった一品。

「庵」とつく蕎麦屋が多いわけ

蕎麦打ち名人のいた寺の名前にあやかった

蕎麦屋には「長寿庵」「大村庵」など「庵」の字がつく蕎麦屋がたくさんあります。実はある寺にあやかってのものなのです。

江戸中期、浅草に称往院《しょうおういん》という寺があり、境内に「道光庵《どうこうあん》」という庵《いおり》がありました。ここの庵主は信州の生まれだったこともあり、代々蕎麦打ちがうまく、檀家の人たちに蕎麦を振る舞っていたそう。

道光庵の蕎麦は真っ白い御膳蕎麦で、「道光庵　女房のむせる絞り汁」という川柳が残っていることから、辛味大根のしぼり汁をつゆに使っていたことがうかがえます。

檀家の人たちはもちろんのこと、評判を聞きつけた蕎麦好きが連日押しかけました。当時の名物を記した『富貴地座位《ふきじざい》』という評判記の麺類の部では、蕎麦屋を押さえて筆頭に挙げられるほど。この人気にあやかろうと、「庵」を屋号につけることが流行したのです。

しかし、道光庵の蕎麦人気を快く思っていない人がいました。親寺である称往院です。修行の妨げになると何度注意しても、こっそり蕎麦打ちが続けられたため、とうとう「蕎麦境内に入《い》るを許さず」の碑が門前に建てられました。

ちなみにこの石碑は地震によって倒壊し行方不明に。また、道光庵は称往院に合併され、その称往院も浅草から世田谷区の烏山寺町へと移転しました。その移転の際に「蕎麦境内に入るを許さず」の碑が見つかり、現在は、称往院の門前に建っています。

江戸後期の浮世絵師・北尾重政の画で、はやりものなどについて解説した書「絵本 浅紫(あさむらさき)」。道光庵の解説ページには、「蕎麦切はとりわけ江戸を盛美とす、中にも浅草道好庵(道光庵)の手打ち蕎麦は第一の名物なり」の文章が。図はもはや、寺というより蕎麦屋の風景だ。

出典:『絵本 浅紫』(東北大学附属図書館所蔵)

現在称往院の門前に建っている「蕎麦境内に入るを許さず」の碑。現在は「蕎麦切り寺」の愛称もあるそうで、禁じた側が「蕎麦切り」の名で呼ばれているところが面白い。

蕎麦屋の通し言葉

知っていたらあなたも蕎麦通⁉

今でも使っている老舗もある！

注文を調理場に通すとき、スタッフ内だけで通じる「通し言葉」が使われていました。「注文数の総数を伝え、その内訳を説明する」など、慣れるとこのほうが短く分かりやすかったのでしょう。今もごく一部の老舗店では通し言葉が使われており、店に飛び交う通し言葉を聞いていると、タイムスリップしたような気分に。どんなものがあるのか、一部をご紹介。

「つき」

「１個ついて」の意味。つきの後に続く「〇杯（枚）」は注文の総数。つまり、「たぬきつき３杯のかけ」なら「たぬき蕎麦が１杯ついて合計３個。かけ蕎麦は（３－２で）２杯」という意味。「杯」は種物の単位で、ざるやもりは「〇枚」と数える。

「まじり」

「２個まじっている」の意味。まじりの後に続く「〇杯（枚）」は注文の総数。「たぬきまじり５枚もり」なら「たぬき蕎麦が２杯まじって合計５個。もり蕎麦は（５－２で）３枚」という意味。

「かち（かって）」

「合計５個以上の奇数の注文で、注文は２種類。差が１個」のときに使われ、「かって」より前の注文が多いという意味。「たぬきかって７杯かけ」なら「たぬき蕎麦４杯かけ蕎麦３杯」。

「と」

「注文が２種類で、それぞれ同数」のときに使われる。「天麩羅とたぬきで６杯」であれば「天麩羅蕎麦３杯、たぬき蕎麦３杯」という意味。

「さくら」

普通の１人前よりも少なめに盛って出すこと。「きれい」ともいい、同じ意味で使われた。

「きん」

大盛りのこと。もり蕎麦２枚大盛りの注文を「もり、きん２枚」というように使う。

蕎麦屋の職制

大きな蕎麦屋では仕事の役割が決まっていた

蕎麦打ち、ゆで、種物作り…それぞれの職人がいた

蕎麦作りは一つずつの工程に手間がかかる食べ物。江戸中期ごろから大きな蕎麦屋では分業化が進み、仕事の担当が分かれていきました。経験を積んで仕事を覚え、自分の役職に誇りを持ったり、より重要な役職にステップアップしたり、ひと通り覚えて一本立ちし、独立したりしたのです。

古くからの老舗店では、職制が残っている店もあります。

釜前《かままえ》
蕎麦をゆでたり盛ったりする人。蕎麦職人の最上位。中台と呼吸を合わせることが大事。

板前《いたまえ》
蕎麦打ちを担当する人。機械打ちが広まってからは「運転」と呼ばれることも。

花番《はなばん》
ホール係のこと。客の注文を調理場に通したり、できあがった蕎麦を客へ運ぶ。

中台《なかだい》
種物を作ったり、天麩羅を揚げたりする人。注文に合わせ調理場をコントロールする司令塔。

まごつき
調理場に入りたての新入り。掃除や使いっ走りなどの雑用をこなしながら仕事を覚える。

外番《そとばん》
出前を担当する人のこと。客の家まで蕎麦を届ける。江戸時代は「かつぎ」といった。

Column

蕎麦の粋な食べ方

蕎麦をつゆに泳がせるようにつけるのは御法度といわれます。どんな風に食べるのが粋なのか、本書監修のほしひかる氏に実演してもらいました。

1 蕎麦を数本食べる

つゆや薬味を使わずに蕎麦だけ味わう。蕎麦の味や風味を、しっかりと確かめる。

2 つゆの味を確かめる

蕎麦ちょこに注いだつゆに軽く唇をつけ、だしやしょうゆを味わう。濃さも確認。

3 ベストバランスを見極める

今日の自分にとって、おいしく味わえると思う分量のつゆをつけ、いただく。

落語のなかに、江戸っ子が「一度でいいから、蕎麦に、つゆをたっぷりつけて食べたい」と言ったという話があります。つゆをたっぷりつけるのは、江戸っ子には野暮なのです。江戸蕎麦は濃い口しょうゆがきいたつゆ。濃いつゆをたっぷりつけたら、蕎麦の香りは分からなくなります。蕎麦、つゆの味をそれぞれ確かめ、自分にとってちょうどいいつけ具合を見極めればいいのです。

蕎麦はせいろの真ん中に箸を少し立ててつかむと少なくつまめます。6本がいいとされますが、ひと口ですすれるちょうどいい量をつまんですすり込みましょう。

何よりも、蕎麦がきたら、すぐに食べるのが粋。もちろん、背筋を伸ばしたいい姿勢を保ち、「いただきます」「ごちそうさま」を忘れないこと。これが「粋」の基本です。

こんな食べ方も「粋」！

●薬味は途中で入れる

最初はつゆだけにつけて食べる。途中から薬味を入れると、味変を楽しめる。

●蕎麦つゆは途中で足す

つゆは一気にちょこに注がず、食べ進めるうちにつゆが薄まったら足す。

第3章　蕎麦の材料と蕎麦の作り方

日本ではどんな蕎麦粉が使われているのかリサーチ。
そして、蕎麦打ちについて、
必要な道具や打ち方の工程、ゆで方や盛り方を紹介。
蕎麦には欠かせない、
蕎麦つゆの「だし」と「かえし」にも迫ります。

植物学的にソバは3種類に分類される

主に食べられているのは「普通ソバ」。ほかの2種類とは？

韃靼《だったん》ソバは健康効果は高いが、苦みが強い

ソバは植物学的に見るとタデ科ソバ属の植物であり、主に3種類に分けられます。一つが私たちが普段から食べている「普通ソバ」。もう一つがお茶などでおなじみの「韃靼ソバ」。そしてあまり聞き慣れない「宿根《しゅっこん》ソバ」です。韃靼ソバと宿根ソバがあまり食されていないのはなぜなのでしょう。

韃靼ソバの特徴は独特の苦みと黄色色素成分が多いということ。蕎麦を打ってゆでると、ゆで汁が真っ黄色になり、鍋が黄色くなるため敬遠されがちです。しかし、豊富なルチンなど健康効果は抜群。パンや菓子、漢方として重用されている国も多数あります。日本でも「満天きらり」など、苦みを抑えた品種が開発されています。

宿根ソバは、花が咲くのですが実の量が少ないので、蕎麦を作ることはできません。明治時代に薬草として中国から導入され、高血圧や脳出血の治療薬として栽培された歴史があります。

普通ソバの実を育てるには虫や風が必須

普通ソバの花はめしべが長くおしべが短い「長柱花」と、めしべが短くおしべが長い「短柱花」の2種類があります。1本のソバにはどちらか1種類の花しかつかず、同じ種類同士では受粉しません。そのため、受粉にはハチやアブなどの昆虫や風の力が必要となり、花は昆虫を誘う密腺を備えています。

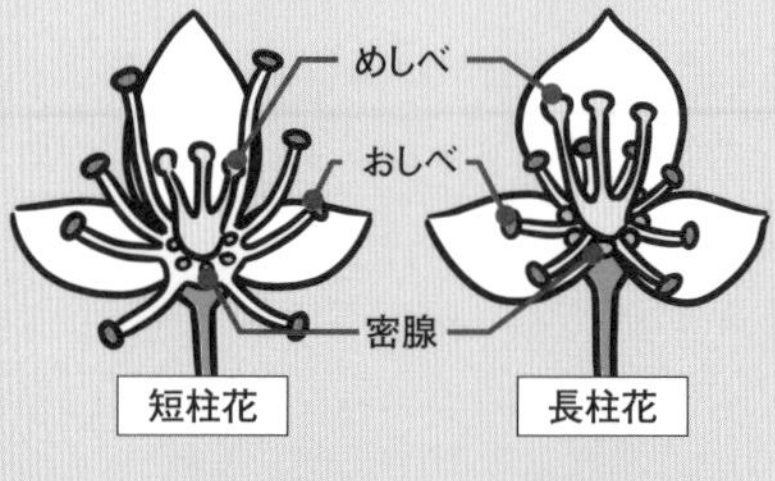

普通ソバ

私たちが普段食べている蕎麦の多くがこの普通ソバ。甘さが強いことから「甜蕎（てんきょう）」と呼ばれることも。

画像提供:ほしひかる

韃靼ソバ

普通ソバの約100倍ものルチンを含むが、苦みが強い。中央アジアや東欧諸国などでは食用として栽培されている。

画像提供:農研機構

宿根ソバ

別名「シャクチリソバ」。現在は野生化して自生しているので、種をまかずとも春になると新しい芽が出てくる。

画像提供:農研機構

玄《げん》ソバの輸入先第1位は中国

安定の輸入先だった中国がソバを作らなくなっている

国内で使われている玄ソバ※の多くは輸入に頼っています。かつては国内産のソバで必要量の多くをまかなえていました。昭和40（1965）年のデータを見ると、作付面積が約3万ヘクタールで生産量は約3万トン、自給率は75%。その後、消費量は増えるのに、作付面積や生産量は減少。不足分を輸入に頼ることになります。平成5（1993）年には、自給率が13%まで低下。つなぎで使う小麦粉の自給率も低く、蕎麦の原材料のほとんどが外国産という事態に。

平成10年ごろから徐々に国内の作付面積と生産量が回復。令和2（2020）年には作付面積が約6万7000ヘクタール、生産量は約4万5000トン。国内の必要量約10万7000トンに対して、自給率は42%に上昇しました。

では、輸入国第1位はというと、ダントツで中国。ついでアメリカ、ロシアとなります。世界で最も多くソバを作っているのはロシアですが、ソバを煮て食べる食文化のため、ロシア産のソバは新蕎麦に向いていません。中国産に関しては、日本の製粉会社が現地に行って栽培法を指導したり、精製を向上させるなどして、国産に負けないソバが育つようになりました。しかし近年、気候変動や、ソバよりも経済効率のいい作物の栽培へ切り替える傾向などから、中国のソバ生産量が減少気味。蕎麦粉の値段が高騰しています。原料の確保や、さらなる価格高騰への警戒など対策が迫られているのです。

※玄ソバとは、収穫されたままの殻つきのソバの実のこと

ソバの生産量と輸入量の推移

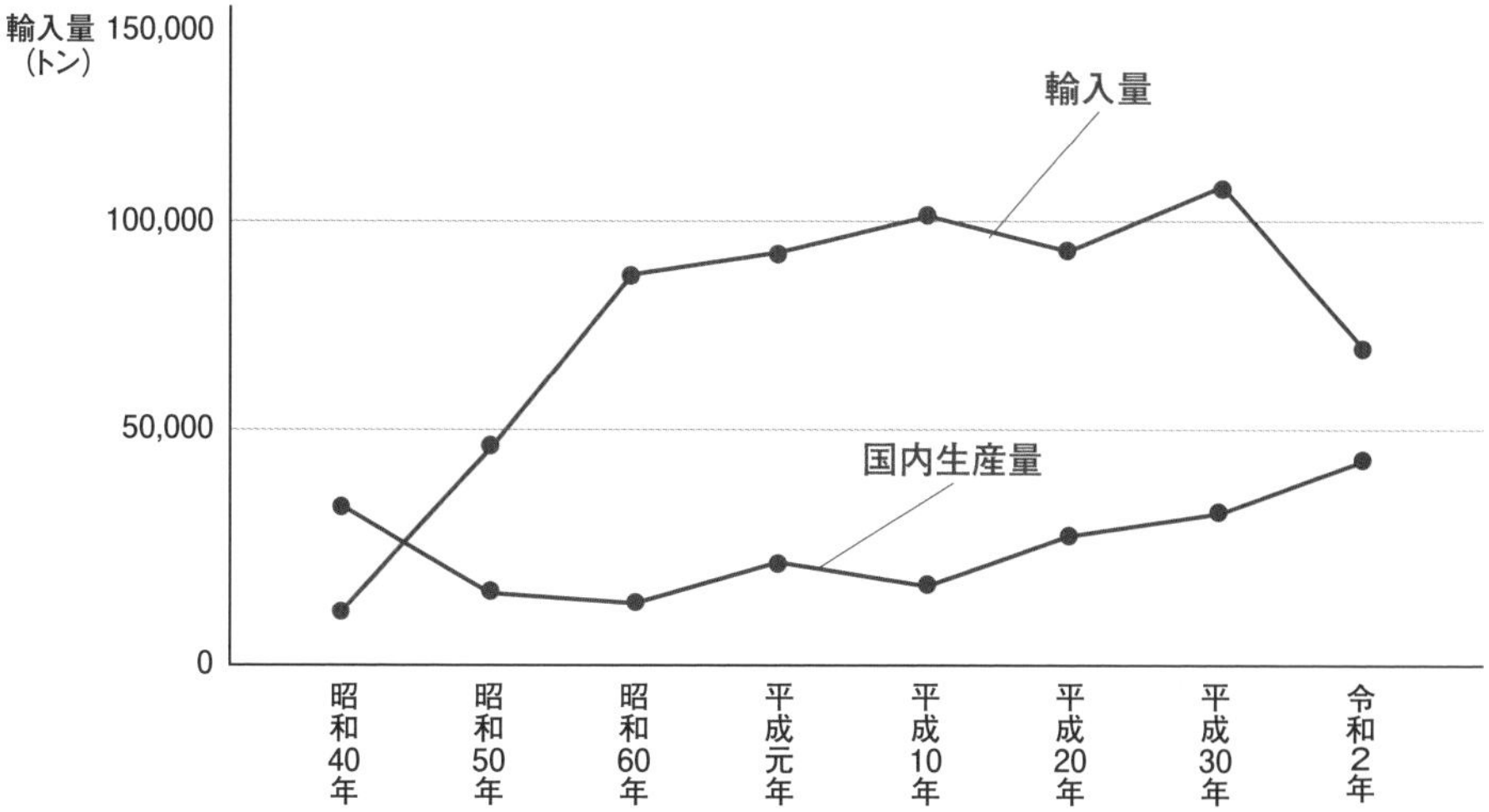

一般社団法人 日本蕎麦協会資料より作成

国内のソバの生産量。一時は2万トンを切っていたが、再び4万トンを超えるまでに増えている。それでも輸入量のほうが圧倒的に多く、自給率は低い。

日本がソバを輸入している国　単位（トン）

	中国	アメリカ	ロシア	総合計
2010年（平成22）	90,544（殻つき換算） 51,788（殻つき） 29,416（抜き実）	16,874（殻つき換算） 16,870（殻つき） 3（抜き実）	－	109,029
2015年（平成27）	70,142（殻つき換算） 23,271（殻つき） 35,575（抜き実）	17,730（殻つき）	11,424（殻つき換算） 11,396（殻つき） 21（抜き実）	101,679
2020年（令和2）	49,519（殻つき換算） 10,682（殻つき） 29,477（抜き実）	15,441（殻つき換算） 12,752（殻つき） 2,041（抜き実）	5,248（殻つき）	70,630
2022年（令和4）	52,983（殻つき換算） 6,136（殻つき） 35,962（抜き実）	12,905（殻つき）	9,511（殻つき換算） 8,147（殻つき） 830（抜き実）	79,807

出典:財務省「貿易統計」

2022年のソバの輸入量は約8万トン。そのうち約5万トンを中国から輸入している。
※抜き身の量を殻つき（玄ソバ）換算するために、割り戻しの換算率を75.9%で計算。

日本ではどんなソバを栽培している?

メジャーな品種は改良種、希少な在来種にも注目!

昭和20年ごろから改良種の栽培が増えた

日本で栽培されてきたソバは、すべて同じ品種ではありません。昔から、それぞれの土地の気候や条件に適応するよう変化し、その土地ならではの品種として栽培されてきたのが「在来種」です。

ただし、在来種はせっかく手間暇かけて育てても、天候に左右されて結実しなかったり、風に倒されてしまうなど、豊作と凶作の収穫量に大きな差が。安定した収穫が望めないという欠点があります。

そこで昭和20年ごろを境に、収穫量、害虫への強さなどを求めて品種改良した「改良種」を栽培するようになりました。「キタワセソバ」「常陸秋《ひたちあき》そば」など、よく知られているメジャーなソバは、すべて改良種です。

現在、栽培されている在来種は非常に希少。というのも、天候や害虫に弱いうえ、他の品種に染まりやすいのです。ソバは自家受粉ができず、虫などに頼って受粉しますから、近くで改良種を育てていると、虫が両者を行き来して交配。在来種が改良種に似た品種へと変化してしまうのです。在来種を育てるには、他のソバ畑とは10キロ以上の距離を空ける必要があるといわれています。

在来種はソバ本来の味や香りが高く、在来種を広げようという働きかけもあります。また、味や健康効果を求めた改良種も次々に新開発されています。蕎麦粉や蕎麦を選ぶ際、「在来種か、改良種か」という点に注目すると、蕎麦の楽しみがさらに広がります。

流通しているソバの主な品種

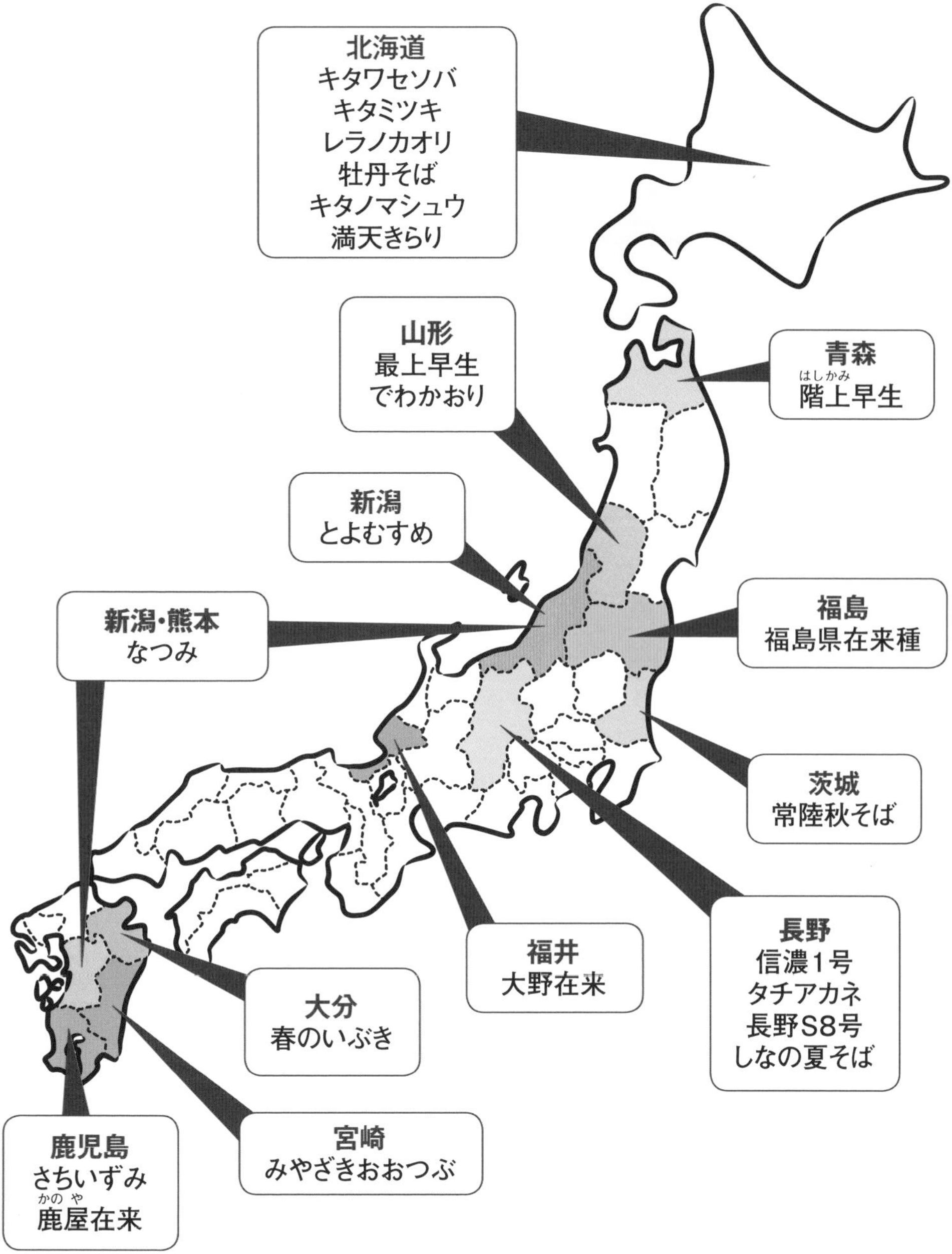

北東製粉HP、『そば及びなたねをめぐる状況について』（農林水産省）などを基に作成

新蕎麦は年に2回楽しめる!

夏ソバ、秋ソバの違いとは?

「夏の蕎麦は犬さえ食わぬ」は現代に当てはまらない!?

ソバは大きく分けると夏にとれる夏ソバと秋にとれる秋ソバがあります。これは収穫の時季による区別。秋にとれて出回る蕎麦を「新蕎麦」や「秋新《あきしん》」と呼びます。秋ソバは昼と夜の寒暖差が大きくなる秋に実のデンプンが熟成されることで、蕎麦の風味が高まるのが特徴。蕎麦好きが待ち焦がれるのがこの新蕎麦です。

その一方、暑い夏こそ、ツルツルの蕎麦を冷たいつゆで食べたいもの。そうした需要から夏に収穫できるよう、逆算して種まきをしたものが、夏ソバとして出回っています。とはいえ、近ごろは品種改良により栽培も多様化。夏ソバの種まき、収穫が遅くなっている傾向があります。夏ソバの代表だったキタミツキやキタワセソバの収穫が始まるのは8月下旬以降。夏の新蕎麦として新しく、「しなの夏そば」や「春のいぶき」が登場しています。

前年のソバを食べていた時代は「夏の蕎麦は犬さえ食わぬ」といわれましたが、とれたての夏ソバを食べられるようになりました。夏ソバは風味が若々しくさわやかな味わいが特徴で、「夏ソバが好き」というファンも増えています。

ちなみに夏に収穫、秋に収穫という栽培型の分類とは別に、日照時間が長くなると成熟する「夏型」品種、日照時間が短くなると成熟する「秋型」品種、その中間ほどの性質を持つ「中間夏型」品種、「中間秋型」品種という4つの分類もあります。

夏ソバと秋ソバの違い

	夏ソバ	秋ソバ
種まき	5〜6月	7〜8月
収穫	7〜9月	9月下旬〜11月
食べられる時期	7月下旬〜	10月〜
産地	北海道・長野県など	東北・茨城県・鹿児島県など
主な品種	キタミツキ、キタワセソバ、しなの夏そばなど	最上早生・常陸秋そば・鹿屋在来など
特徴	風味が若々しくさわやかな味わい	香りが豊か。芳醇な味わい

新蕎麦が出回るころには、蕎麦屋の前には「新蕎麦打ち始めました」の貼り紙がされる。

「一番粉《いちばんこ》」「二番粉《にばんこ》」「三番粉《さんばんこ》」とは？

実の中心部分から若い番号の粉になる

ソバの実を挽くと内側から粉になっていく

ソバの実は一番外側に黒く硬い「殻《から》」があり、殻を取ると「甘皮《あまかわ》」があります。そして甘皮の中には、ソバの実の大部分を占める「胚《はい》乳《にゅう》」があり、さらにソバの赤ちゃんである「胚芽《はいが》」があります。

殻を取った「むき実」を挽き始めると、外側ではなく内側のやわらかい部分から粉になっていきます。最初に粉になるのは、胚乳の部分。この粉が「一番粉」です。

ちなみにこの一番粉のうち高純度なデンプン粉だけを取り出したものを「さらしな粉」といいます。

さらに挽くと、一番粉にならなかった胚乳や、胚芽が粉になります。これが「二番粉」。二番粉の後に挽かれる粉には、甘皮も入ってきます。これが「三番粉」です。

かつては殻ごと挽いた後ふるいで殻を取り除く方法もあり、これを「挽《ひ》きぐるみ」といいました。現在挽きぐるみは、殻を取り除いたむき実を、一番粉から三番粉まで全量製粉する方法が一般的です。

挽きぐるみの蕎麦粉で打った蕎麦。色は黒っぽく食感は劣るが、蕎麦本来の香り高い、素朴な蕎麦になる。「田舎蕎麦」として出されることも。

中心部分のさらしな粉で打った蕎麦。高純度なデンプン粉のためつながりにくく、蕎麦にするには高度な技術が必要。真っ白で舌触りのよい蕎麦。

ソバの実の構造と粉の種類

ソバの実の芯の部分のうち、高純度のデンプン粉を取りだしたもの。一粒からわずかしかとれない希少な粉。打ち粉として使われる場合もある。

さらしな粉

最初に挽かれる胚乳部分。デンプンが豊富で甘い。つなぎとなるたんぱく質が少ないため、蕎麦を打つのは難しいが、真っ白でツルツルの蕎麦になる。

一番粉

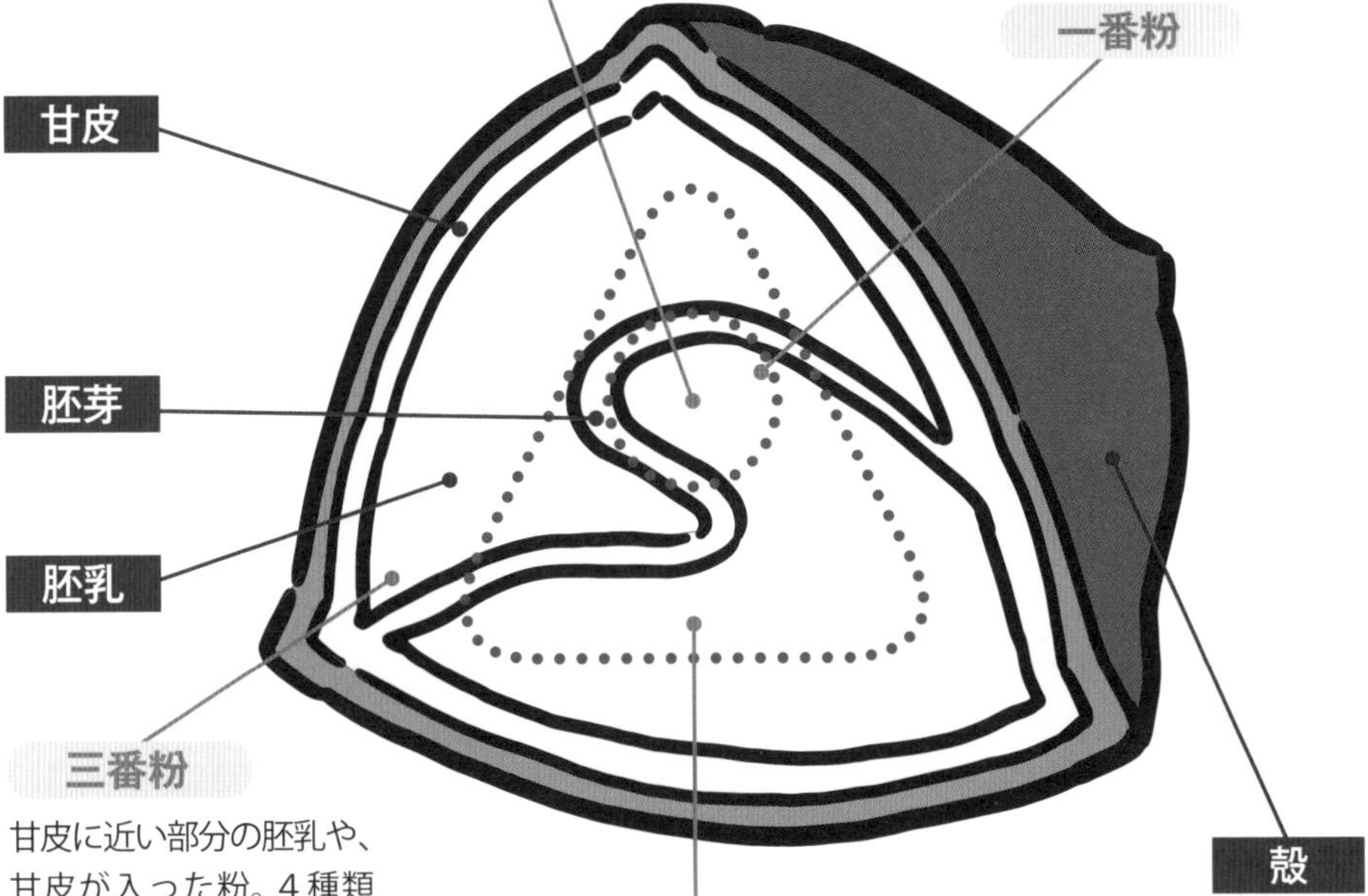

三番粉

甘皮に近い部分の胚乳や、甘皮が入った粉。4種類の蕎麦粉のなかで最も蕎麦の香りが強い。繊維質が多く、食感は一番粉、二番粉に劣る。

二番粉

一番粉になったよりも外側の胚乳や、ソバの赤ちゃんである胚芽が入る。「並粉」と呼ばれることもある。色は淡い黄緑色。

蕎麦粉の挽き方

石臼《いしうす》製粉とロール製粉、蕎麦粉はどう変わる？

蕎麦の風味を残す石臼製粉、大量生産できるロール製粉

昔は胴つき（餅つきのように杵でつく）や石臼でソバの実を粉にしていました。手動か水車小屋など水の力を借りて挽いていたので、一度にとれる蕎麦粉の量はわずかです。

現在は、製粉会社では電動の石臼かロール製粉機が主に使われています。動力が電気になったとはいえ、石臼はソバの実をゆっくり粉に挽いていくのが特徴。そのため粉の量はロール製粉に比べると少ないですが、石臼の面に閉じ込めたまま挽いていくので、蕎麦の香りや味を損なわず、粉にすることができます。石臼を備え、その日使う分だけを毎日挽いている、こだわりの蕎麦屋もあります。

一方のロール製粉は、太さの異なる2本のロールを高速回転させ、その間にソバの実を通して、押しつぶします。一度に大量の粉を挽けることと、ロールの幅を変えることで、さらしな粉から三番粉まで、挽き分けがしやすいのが利点です。ロール製粉は一度に大量の粉ができるので挽けた分から空気で圧送します。このときにソバの風味が飛びやすいのが難点です。

石臼製粉で挽いた粉はふぞろい、ロール製粉で挽いた粉は粒が均一というのも違いのひとつ。手打ち蕎麦を作る場合は、ふぞろいなほうがつながりやすく重宝されます。

機械の大きさにもよりますが、1時間で挽ける量は石臼製粉1台で2～3キロなのに対し、ロール製粉は約125キロ。生産量の差は値段の差にも反映されます。

石臼

昔は使う分だけをその都度、手動の石臼で挽いていた。時間はかかるが、挽きたての蕎麦粉で蕎麦を打つことができる。

電動石臼製粉機

ゆっくりと回転させながら、時間をかけて粉に挽いていく。粒子が細かいものから粗いものまでふぞろいな仕上がりになるが、これが手打ちには向いている。蕎麦の風味を損なわない、香り高い粉になる。

画像提供:一般社団法人 日本蕎麦協会

ロール製粉機

2本のロールを高速回転させて挽いていく。空気で圧送したり何度もふるいにかけるため、水分や香りは石臼製粉に劣るが、大量生産できて、粉を種類別に挽き分けしやすいのがメリット。

画像提供:一般社団法人 日本蕎麦協会

二八、九割、十割蕎麦……

蕎麦粉の割合で蕎麦はどう変わる？

のどごし重視の二八、蕎麦の味が分かる十割

蕎麦粉はグルテンなどのつながる成分が少ないため、蕎麦粉だけで蕎麦を打つと、ブツブツ切れやすい蕎麦になります。そこで小麦粉をつなぎにして蕎麦を打つと、つながりが格段にアップ。蕎麦粉8割に対して、つなぎに小麦粉を2割使ったそばが「二八蕎麦」です。

「二八蕎麦」の魅力はなんといってものどごし。ツルリとのどを滑り落ちていく滑らかさは蕎麦の真骨頂ともいえるでしょう。

蕎麦粉だけの場合でも、蕎麦打ちの上手な人が打てば、きちんとすすれる蕎麦になります。蕎麦粉だけで打つことを「生《き》粉《こ》打《う》ち」といい、蕎麦粉だけで打った蕎麦が「十割蕎麦」です。十割蕎麦はつなぎがない分、蕎麦の味や香りを存分に楽しむことができます。

のどごしのよい細めの蕎麦を、ツルツルするのが好きな人は「二八蕎麦」を、太めの麺を蕎麦の味を楽しみながらかんで食べた

蕎麦粉が何割なら「蕎麦」といえる？

生麺の場合は、蕎麦粉が30%入っていれば「蕎麦」と表示することができます。一方、乾麺は少々ルールが異なります。蕎麦粉が30%以上の場合は、「蕎麦」と表示してOK。そして30%未満の場合は、実際の配合を上回らないよう「２割」「10%以下」など配合量を明示すれば「蕎麦」と表示できます。つまり蕎麦粉１%で「蕎麦粉10%以下」と表示すれば、「蕎麦」といえるのです。

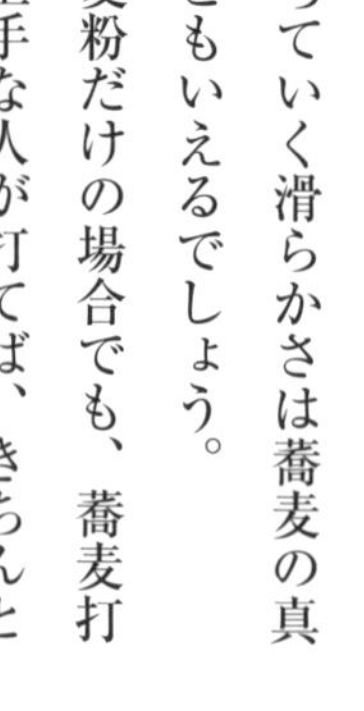

いという人は、「十割蕎麦」を好む傾向があります。

「二八蕎麦」や「十割蕎麦」に比べると少ないですが「九割蕎麦」をうたう店や商品もあります。これは蕎麦粉9割に対して小麦粉1割の蕎麦。また、「外一蕎麦」もあります。蕎麦粉10割に対して小麦粉1割を意味していて、「蕎麦粉だけでつながる十割蕎麦に、のどごしのためにつなぎを1割足した」といった場合に使われることがあります。正確な割合に換算すると、蕎麦粉90・9％に対し、小麦粉9・1％となります。

「冷たい蕎麦は十割が好きだけど、温かい蕎麦は二八が好み」など、自分好みの割合を探していくのも、おすすめです。

十割蕎麦は、蕎麦粉のおいしさをそのまま味わえるのが魅力。細い十割蕎麦もあるが、つながりにくいので、太くなる傾向がある。かんで、口の中に広がる味を楽しみたい。

蕎麦打ちに特化した専用の道具がある

蕎麦を打つのに必要な七つ道具

老舗の有名店でも機械打ちで蕎麦を作っている店が多くあります。実は、「手打ちは不衛生」と許可が下りず、製麺機がないと営業しにくい時代もあったのだとか。たくさんの蕎麦を一度に作ることができるため機械打ちが優勢ですが、手打ちにしかだせないコシや風味を求め手打ちにこだわっている店もあります。また、自分で打った蕎麦の味は格別。手打ち蕎麦の作

木鉢

こね鉢ともいう。蕎麦粉とつなぎ、水を混ぜてこねるときに使う。木をくり抜いて作った鉢に漆を塗ったもの、ウレタン塗装したもの、プラスチック製などさまざまなタイプがある。

麺棒

打ち棒ともいう。生地をのばしたり、巻き取ったりするときに使う。大きく均一な薄さに生地をのばすために、生地を上下から巻き取ってのばすことも。その場合同時に3本使う。

のし板

蕎麦生地を薄くのばすときに使う、大きな板。

蕎麦包丁

のばした生地を麺に切っていく包丁。大きく、刃が柄の部分まであるのが特徴。こま板に当てて切るときに切りやすいよう、刃が薄く、片刃になっている。

り方について紹介していきます。
まずは蕎麦打ちに使う道具から。基本的な道具は下記の8点。ほかに材料を量るはかりや、計量カップを使います。

道具なしで蕎麦を打つには……

専用の道具がなければ蕎麦を打てないわけではありません。自宅で数人分を作るときは木鉢の代わりにボウル、ふるいの代わりにざる、蕎麦包丁でなく普通の包丁、こま板の代わりにかまぼこの台を使うなどしてもOK。上達すれば、おいしい蕎麦を打てます。

はけ
ブラシやほうきが使われることも。台に散らばった打ち粉を掃き寄せて、集めるのに使う。

ふるい
蕎麦粉やつなぎの小麦粉をふるうのに使う。かたまりをなくして粉が均一になり、水がなじみやすくなる。打つ蕎麦によって編み目の細かさを使い分けている店もある。

こま板
蕎麦を切るときに定規の役割をする板。包丁を当てる一辺を「立ち上がり」や「枕」という。こま板をずらしながら切っていき、1回のずれ幅が蕎麦の太さになる。

切り板(きりばん)
蕎麦を切るときのまな板。板や台からずれないよう、ストッパーがついているものもある。

蕎麦打ちの工程

一鉢、二延《の》し、三包丁

木鉢の上でふるいを構え、そこに蕎麦粉を入れる。ちなみにこの日は、蕎麦粉1.8キロ、小麦粉400グラムを使用。25人前弱を一度に打っていく。

蕎麦粉と小麦粉を、それぞれふるいにかける。混ざっていたソバ殻を取り除き、粉の粒子を均一にするのが狙い。

蕎麦打ちで最も大事な工程は水まわし

蕎麦打ち名人というと、薄く麺の生地をのばしたり、それを細く切ったりするのが上手な人を指すように思います。ところがそれは大間違い。蕎麦打ちで一番大事で、最も難しいのは、木鉢の中で蕎麦粉と水を混ぜる作業。そのため、習得が難しい順に「一鉢、二延し、三包丁」といったり、「包丁三日、延し三月、木鉢三年」といったりします。

粉と水を結びつける工程を「水まわし」といい、ここで均等に水を回せれば、打ちやすい粘りのある生地になります。ところが、蕎麦粉1粒ずつに水が回ったかどうかは、見た目では分かりません。へたな人が打った生地は、一見、まとまっているように見えても、のばしにくく切れやすいのです。

江戸蕎麦は、均一に細長く、ツルツル食べられる麺が特徴。そんな江戸蕎麦が、どんな工程で作られているのか、出来上がりまでを誌上で再現しました。

木鉢の中で蕎麦粉と小麦粉を、1〜2分かけてよく混ぜ合わせる。

蕎麦粉と小麦粉が混ざったら、粉の中央に水を注ぐ。予定量を一気に入れるのではなくまずは6割ほど。

指先を使って、素早くかき混ぜる。見た目は地味だが、蕎麦打ちで最も大切な工程。水分を、全体に均等にいき渡らせる。

木鉢に手を強く押しつけ、内から外へと手を回すように、ダイナミックに全体を混ぜていく。このあたりで、蕎麦のいい香りがしてくるはず。

粉がパン粉状になったところで、2回目の水を入れる。今度は真ん中ではなく、円を描くように、細く垂らして入れていく。

さらに混ぜる。両手のひらを使って全体を大きく混ぜる。手だけで混ぜると力が入りにくいので、ひざを使うのがコツ。

蕎麦の状態によって量を調節しながら3回目の水を入れ、さらに混ぜる。おからのような状態が、水まわしのゴールだ。

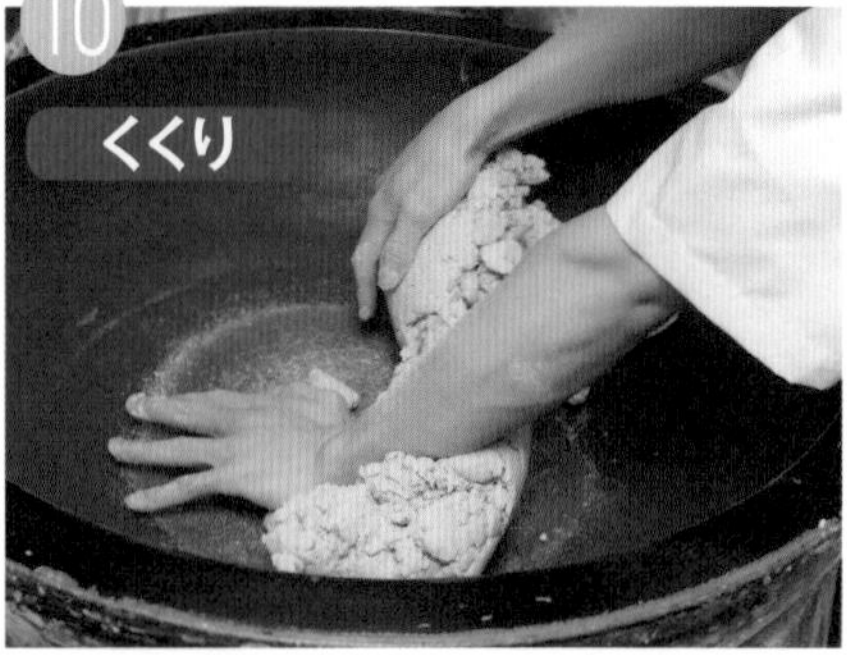

おから状の生地を大きなかたまりへとまとめていく。手前から奥へ、全体重をかけて押し出しながら、練り込んでいく。

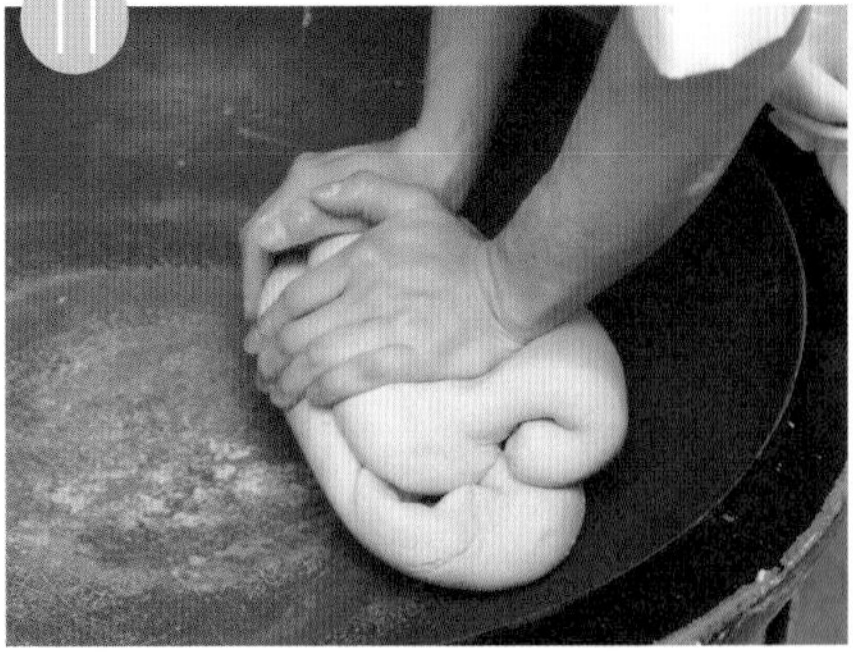

リズミカルに、2～3分練り続ける。表面のひび割れがなくなり、ツルッとしてきたら粗練りの完成。

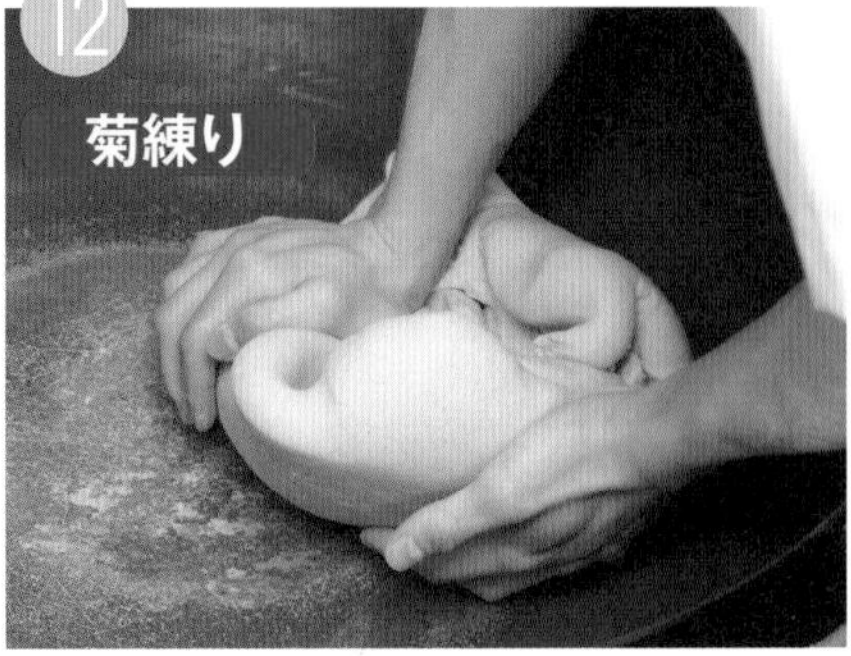

生地を中央に折り込むように圧をかけて、空気を抜く。生地を少しずつ回転させながらこの作業をくり返す。

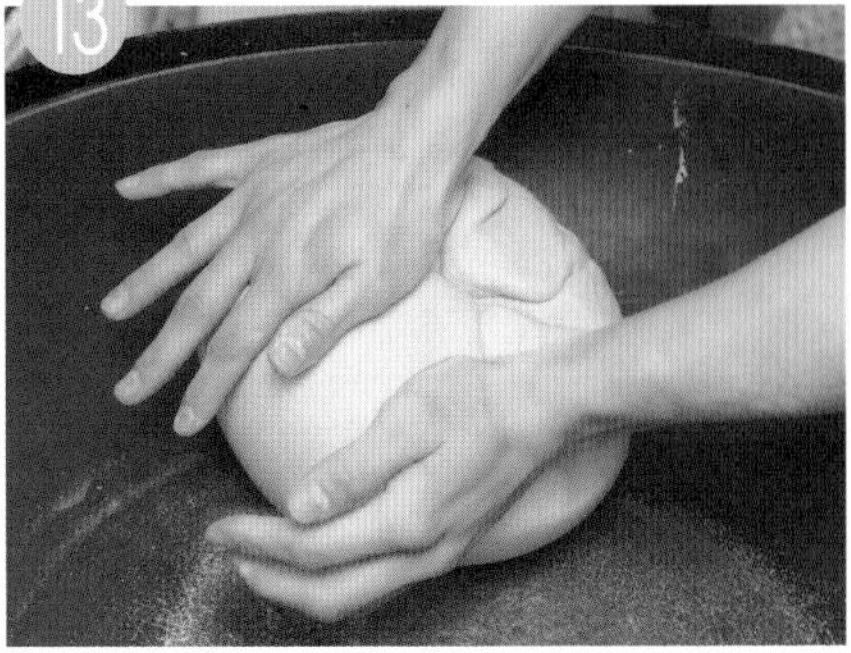

折り込んでは圧をかけながら生地を1周させると、中心から放射状に線が出て、菊の花のような見た目に。

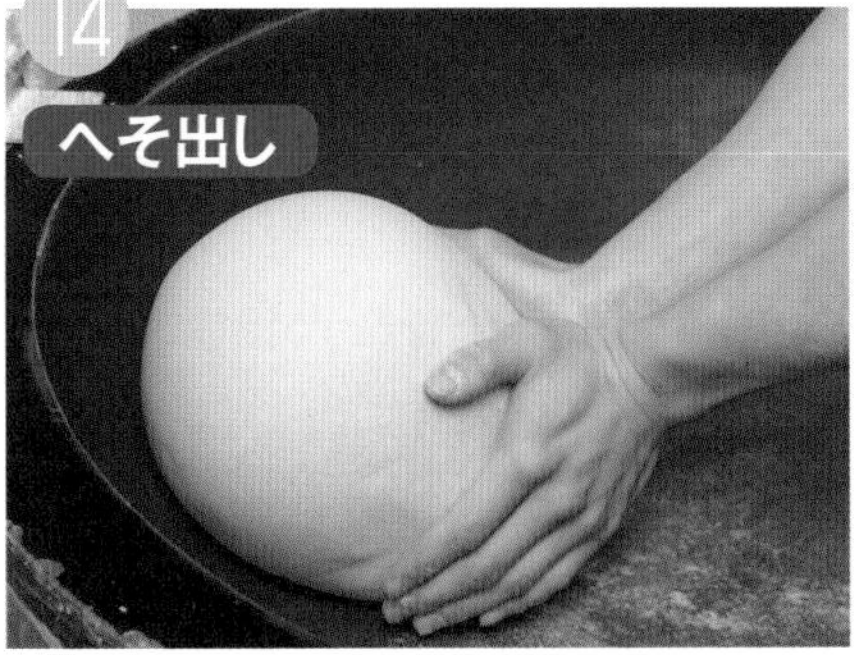

菊練りでできた放射線の中心部を木桶の底に向ける。木鉢の中で転がしながら生地を押しつけ、菊模様の中心部から空気を抜いていく。

菊練りでできたラインが消えて滑らかに。頂点の穴がなくなって円錐状になったらへそ出しの完成。

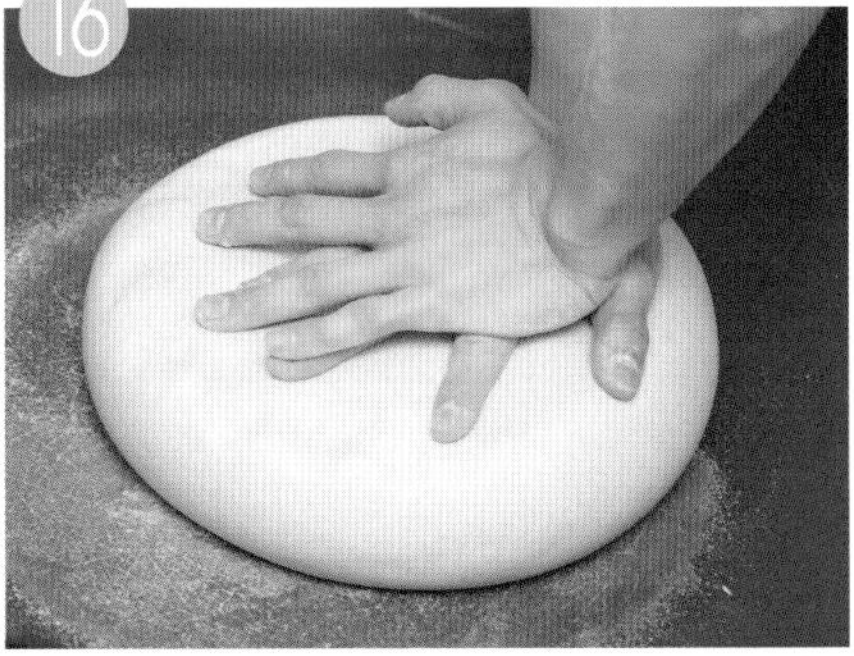

円錐状の頂点を両手で上から押しつぶし、円形に整える。ここまでできたら、木鉢での作業は終了。

17 鏡出し（鏡延し）

のし板に打ち粉を振り、生地をのせる。生地の上にも打ち粉を振ったら、左手で押しては右手で生地を回転させ、薄くのばしていく。

18 丸出し（丸延し）

綿棒で生地をのばす。上半分をのばしては、生地を回転させる。これをくり返していくと、生地が丸く薄くなっていく。

19 四つ出し（角出し）

丸い生地を四角い形に変えながらのばしていく作業。まずは打ち粉を振って、生地を手前から麺棒に巻きつける。

20

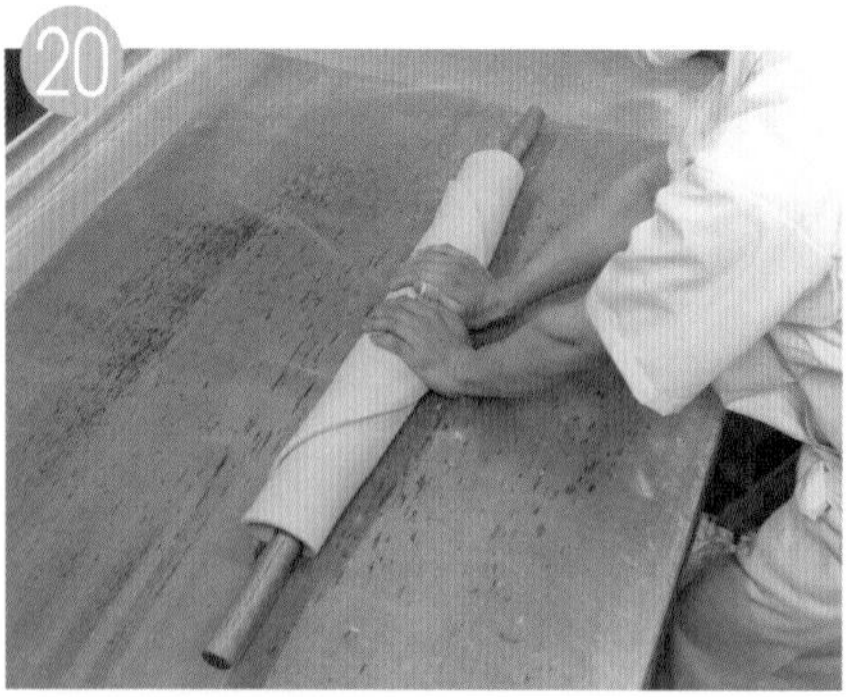

生地を手前から奥へ転がしながら、中央に圧をかけていく。台の奥までいったら手前に引き寄せてまた奥へと転がす。これを3回ほど。

21

巻いたときに一番外側だった部分に角ができる。生地を回転させて、4か所同様に角を出しながらのばしていく。

22

四つ出しが完成したところ。丸かった生地が四角に変わっている。

23 肉分け&本延し

手前半分の生地を麺棒で巻き取り、奥半分の厚い部分を均等に肉分けする。反対側も同様に肉分けしたら、本番の薄さへとのばしていく。

24 たたみ

生地の左半分に粉を振り、まんべんなく手のひらでまぶす。

25

右側の生地を重ねて半分にたたんだら、再び打ち粉を振って手前から奥へ半分重ねる。さらに打ち粉を振って手前から奥へ半分重ねる。これで8枚、生地が重なる。

26 切り

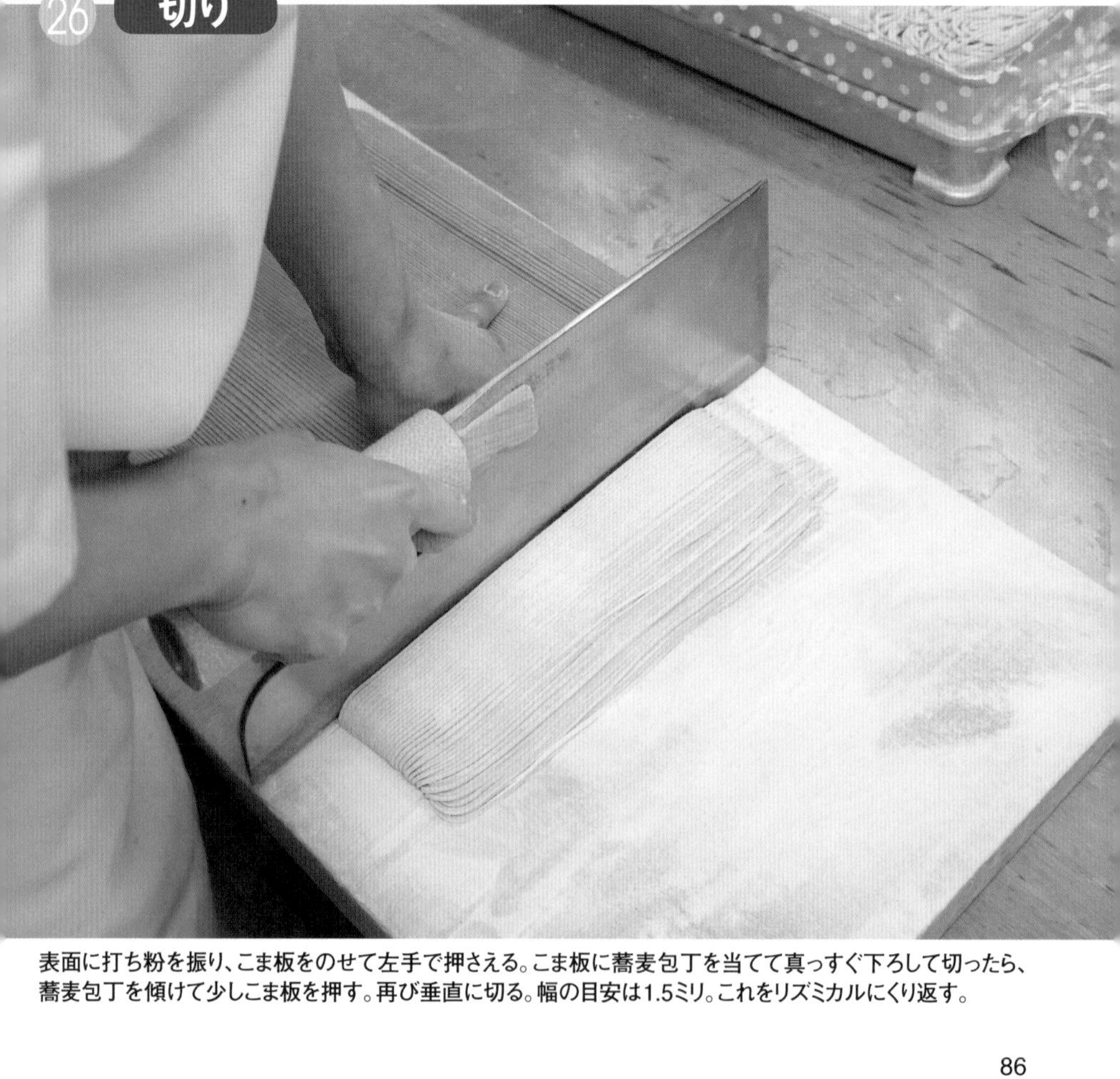

表面に打ち粉を振り、こま板をのせて左手で押さえる。こま板に蕎麦包丁を当てて真っすぐ下ろして切ったら、蕎麦包丁を傾けて少しこま板を押す。再び垂直に切る。幅の目安は1.5ミリ。これをリズミカルにくり返す。

27

ある程度切ったら、手で蕎麦をばらけさせ、
打ち粉を落として容器に移す。

ご協力いただいたのは
更科堀井　藤田華菜さん

大学で食品化学の勉強をした後、蕎麦打ち職人を目指して更科堀井へ入社。週末ともなると、1日11回も蕎麦打ちをするという。料理学校で蕎麦打ちの講師をするほどの大ベテラン。

グラグラのお湯でサッとゆで冷水で締める

冷水で締めてコシを出し口当たりをよくする

生蕎麦のゆで時間は、量や太さによりますが、約1分。十割蕎麦だとさらに短くなります。短時間で芯まで火を通すには、お湯が沸騰し続けていること、蕎麦を一度にたくさんゆでないこと（家庭なら1・5リットルに対して1人前が目安）が重要。ゆで上がった蕎麦を冷水で締めることで、キュッと締まったコシのある蕎麦に。ツルツルと口当たりもよくなります。

たっぷりのお湯に、蕎麦をほぐしながら入れていく。1か所に固まらないように、ばらけさせるのがコツ。熱対流で蕎麦がクルクル回れば均等に熱が入る。

蓋をして1分ほどゆでる。

蓋をあけ、差し水をした後、硬さやゆで加減を確認する。

あげざるで蕎麦をすくい上げる。家庭であれば、ボウルにざるを重ねた上に、鍋をあけてもOK（ゆで汁は蕎麦湯として活用）。

洗い桶に蕎麦を入れ、手桶で冷たい水をかけて粗熱を取った後（この水を「面水（つらみず）」という）、あげざるに蕎麦を入れたまま洗ってぬめりを落とす。

再び洗い桶に蕎麦を入れて、冷たい水をかけて仕上げる（この水を「化粧水（けしょうみず）」という）。

ためざるに取って水気を切る。

少しずつせいろのはじから盛り付けていく。

今回撮影した「更科堀井」では、「蕎麦の向きがすべてバラバラになるよう、また蕎麦同士の間にすき間ができるよう、ふんわり盛る」のがコツだそう。

「だし」「かえし」と呼ぶのは間違い!?

蕎麦つゆは「だし」と「かえし」を合わせて作る

蕎麦つゆを家庭で作る場合は、濃縮されたつゆを水で薄めるのが一般的ですが、本来はどんな工程で作られているのでしょう。

蕎麦つゆのことを「だし」と呼んだり「かえし」という人もいますが、どちらも間違い。というのも、蕎麦つゆは「だし」と「かえし」を合わせて作るものだからです。

だしは、かつお節や昆布からう

蕎麦つゆの作り方

ま味エキスを抽出したもの。関東と関西でとり方が異なります（30ページ参照）。

では「かえし」とは何か。これは濃い口しょうゆ（関西は薄口しょうゆ）と砂糖とみりんを合わせたものです。調理の過程で材料を加熱するかどうかで、「本がえし」「生がえし」「半生がえし」と名前が変わり、それぞれ味の特徴も異なります。かえし1に対してだしを3を合わせたものが、蕎麦つゆです。

ちなみにこの「かえし」が江戸の料理では非常に重要。煮詰めてとろっとさせたものはうなぎのたれになり、だしや酒、みりんでのばせば丼ものや天ぷらのつゆになるのです。

	半生がえし	生がえし	本がえし
作り方	しょうゆは砂糖を煮溶かす分（約3分の2）だけ火を通し、残りの生のままのしょうゆとみりんを加えて作る。みりんを入れない場合もある。	水に砂糖を加えて煮溶かしたものに、しょうゆとみりんを加え熟成させて作る。みりんを入れない場合もある。	しょうゆを加熱し、砂糖とみりんを入れて煮溶かせて作る。みりんを入れない場合もある。
加熱：しょうゆ	△	×	○
加熱：砂糖	○	○	○
加熱：みりん	×	×	○
特徴	しょうゆの辛さとまろやかさがほどよく共存。本がえしと生がえしの中間的な味。	しょうゆを加熱していないため、「冷たい辛さ」といわれるしょうゆの香りが立つ。	加熱することでしょうゆと砂糖がよくなじみ、まろやかなつゆになる。

蕎麦の「三たて」をよしとしたのは江戸っ子の心意気

挽きたての蕎麦はおいしい

おいしい蕎麦の条件として「三たて」が挙げられます。これは
❶挽きたて
挽いてすぐの蕎麦粉を使う
❷打ちたて
打ってすぐの蕎麦をゆでる
❸ゆでたて
ゆでてすぐの蕎麦を食べる
を意味しています。

いずれも、蕎麦の劣化が速いことからいわれている条件ですが、おいしさを追求している蕎麦屋がすべて、三たてにこだわっているわけではありません。

まず❶の挽きたてですが、かつては玄ソバから殻を抜き取る「丸抜き」を専門に行っていた「抜き屋」という商売があり、ここから抜き実を仕入れて蕎麦屋の粉挽き職人が毎日粉を挽いていました。

現在、自分のところで製粉からしている蕎麦屋は非常に少ないのが現実です。もちろん挽きたての蕎麦がおいしいことに間違いはありませんが、蕎麦粉を少量ずつ仕入れて、保存や管理を徹底している蕎麦屋が多数派でしょう。

❷の打ちたてに関しては、実は切ってすぐの蕎麦というのは、うまくゆでることができません。ゆで湯に沈まず浮きやすいのです。包丁切りしたあと、15～30分ほどおくとうまくゆでることができ、また蕎麦の甘みも増します。

❸のゆでたてはまさに正論。ゆでた蕎麦はすぐにのびてしまいますから、ゆで上げたら冷水で締め、水切りをして素早く食べます。

これらのことから考えると、「三

たて」はおいしい蕎麦の条件というよりも、江戸っ子の心意気を表す言葉だと考えられます。

江戸っ子にとって、「できたて」はおいしさの条件であり、熱いものは熱いうち、刺し身は新鮮なうちに食べるのがごちそうであり、もてなしだったのです。蕎麦の「三たて」は、「江戸っ子の心意気」「和食の神髄」に通じると考えられます。

ちなみに最近は、収穫されてすぐの蕎麦をよしとする「とりたて」も入れて、「四たて」と考える人も多いようです。新蕎麦の香りや味は格別。ぜひ新蕎麦の季節には、とりたての蕎麦を楽しみたいものです。

①挽きたて

②打ちたて

③ゆでたて

Column

駅蕎麦の歴史

蕎麦には、サッと食べられるファストフードという面もあります。忙しいときに助かるのが、移動中に食べられる「駅蕎麦」。歴史をたどってみました。

駅蕎麦発祥の地はどこかご存じでしょうか。北海道・長万部駅や森駅などさまざまな説がありますが、『駅そば読本』（鈴木弘毅著）によると、発祥の地は長野県・軽井沢駅。群馬県・横川と軽井沢間を走る碓氷線が開通したのは明治26（1893）年のこと。この列車は碓氷峠を越えるために「アプト式」という専用の機関車が牽引する必要があり、軽井沢駅、横川駅ともに、機関車接続のために長い待ち時間がありました。そこで軽井沢駅のホームで蕎麦と弁当を売り歩いたそうです。

ちなみに碓氷線反対側の横川駅は、駅弁で有名な「峠の釜めし」発祥の地です。

現代の駅蕎麦といえば、忙しいなか、手軽に小腹を満たせるサラリーマンの強い味方。

日本一乗車客数の多い、新宿駅のコンコースにある「箱根そば本陣」は、１日平均、約1400人（2021年度実績）もの人が利用します。次々にお客が入るので、常にゆでたて。手頃な値段でおいしい蕎麦を食べられるのも、大きな魅力です。

軽井沢駅の駅蕎麦には「駅そば発祥の地軽井沢駅」の看板が（現在は店舗が改装し看板は外されている）。
画像提供:花とハーブとグルメの宿シューレビュー

小田急新宿駅西口地下改札を出てすぐの場所に位置。一番人気は「小海老入りかき揚げ天そば」!
東京都新宿区西新宿1-1-3
小田急新宿駅地下コンコース

第4章　日本人の暮らしと蕎麦

日本各地の郷土蕎麦や、
季節を味わえる変わり蕎麦のバリエーションをご紹介。
蕎麦を食べる行事や、蕎麦のおいしさの表現方法など、
蕎麦を楽しむために知っておきたい
あれこれを深掘りしました。

日本各地の郷土蕎麦

味も食べ方も、個性豊かに勢揃い！

お取り寄せで楽しめる郷土蕎麦も！

日本各地を見渡すと、古くから食べられてきたその土地ならではの食材を使った郷土蕎麦や、店のアイデアなどで大人気メニューになり、ご当地蕎麦として定着した蕎麦など、個性豊かな蕎麦がさまざまあります。

現地に行って食べるのはもちろん、なかには、取り寄せて自宅で楽しめる蕎麦も。ぜひ、チャレンジしてみてください。

岩手県・柳ばっと

岩手県・わんこ蕎麦

茨城県・つけけんちん

栃木県・大根蕎麦

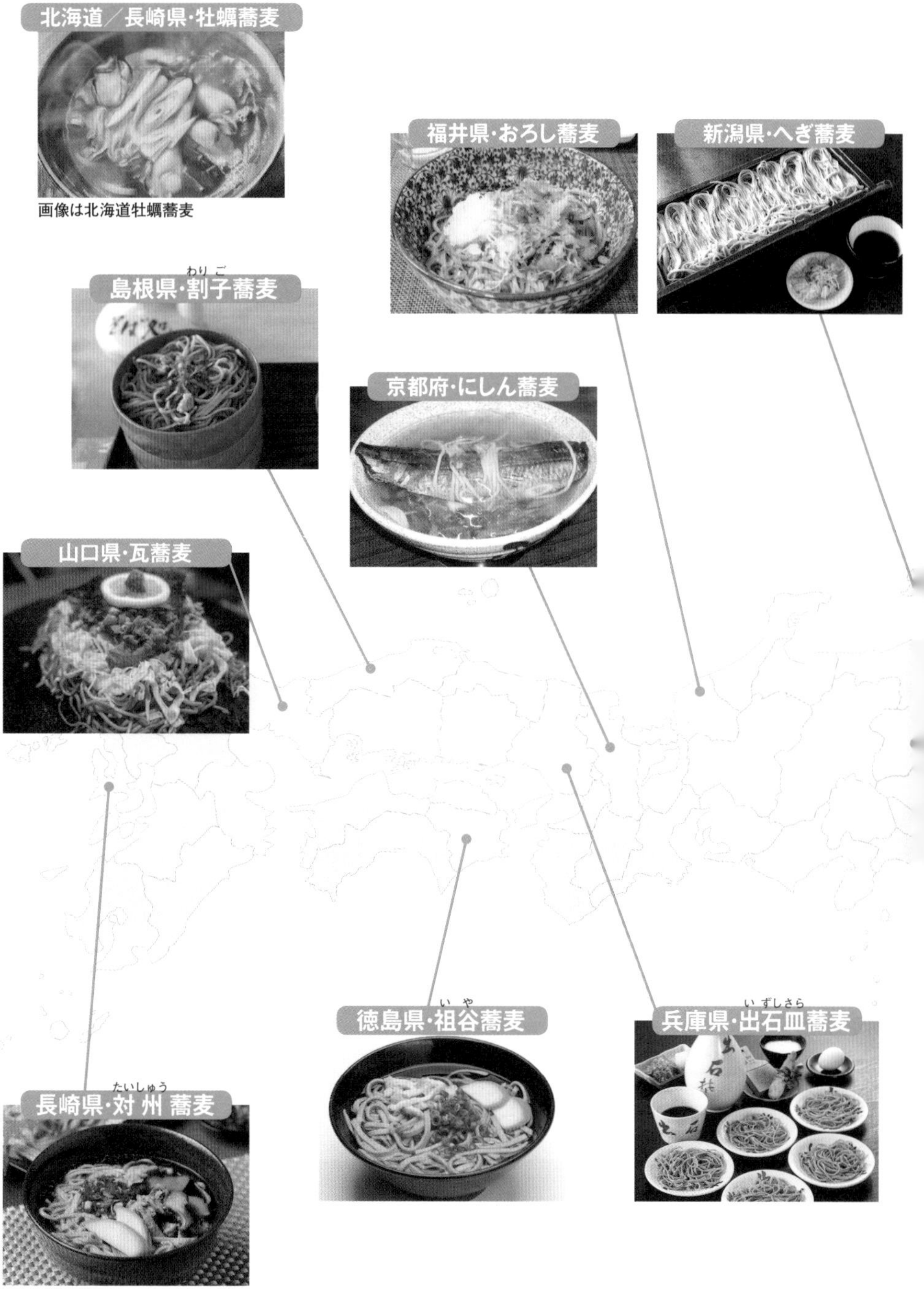
北海道／長崎県・牡蠣蕎麦
画像は北海道牡蠣蕎麦
福井県・おろし蕎麦
新潟県・へぎ蕎麦
島根県・割子《わりご》蕎麦
京都府・にしん蕎麦
山口県・瓦蕎麦
徳島県・祖谷《いや》蕎麦
兵庫県・出石皿《いずしさら》蕎麦
長崎県・対州《たいしゅう》蕎麦

岩手県

わんこ蕎麦

一口サイズの蕎麦を食べきると、すかさず、給仕の人がおかわりの蕎麦を入れてくれるのが特徴。自分で椀にふたをするまで、おかわりが続きます。発祥には「殿様が何杯もおかわりをした」「一度に大量の蕎麦をゆでられないので、お客に少しずつ食べてもらった」などの説が。

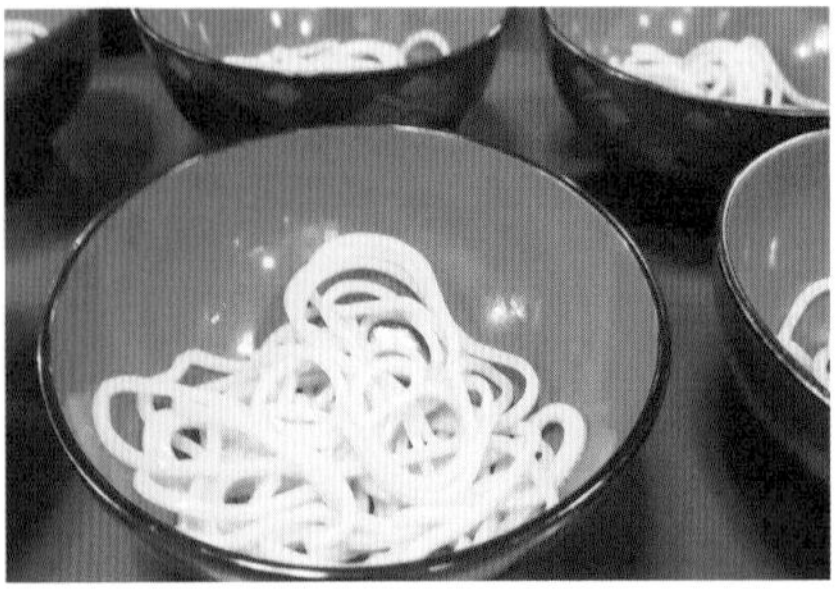

北海道／長崎県

牡蠣蕎麦

北海道の牡蠣蕎麦は、厚岸《あっけし》漁港に水揚げされた大粒の牡蠣をのせた蕎麦。発祥は釧路の老舗蕎麦店ともいわれています。具にわかめも使われていて、芳醇な磯の香りが特徴。長崎県の牡蠣蕎麦は、有明海でとれた牡蠣をねぎとともに火を通して蕎麦にのせたもの。諫早市では、年越し蕎麦として小粒のウチガキが使われています。

画像提供:玉川庵（北海道牡蠣蕎麦）

新潟県

へぎ蕎麦

木製の箱に、2、3人前分の蕎麦を盛りつけて提供する蕎麦で、この木箱を「へぎ」と呼ぶことのが名前の由来です。蕎麦のつなぎに海藻のフノリが使われていて、蕎麦に弾力がありコシが強いのが特徴。ひと玉ずつ、折りたたむように丸めて盛りつけられています。

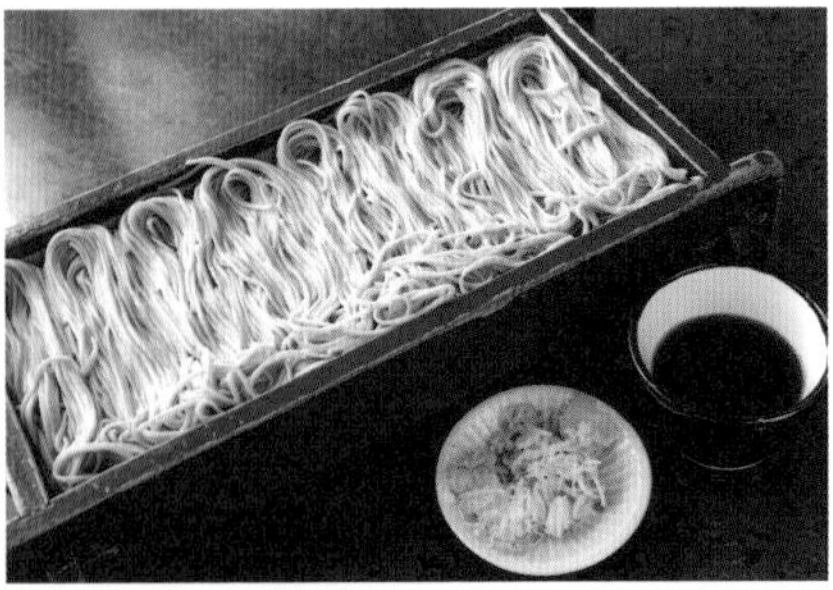

画像提供:農林水産省Webサイト
https://www.maff.go.jp/j/keikaku/syokubunka/k_ryouri/search_menu/menu/hegisoba_niigata_niigata.html

岩手県

柳ばっと

「ばっと」とは、「法度」のこと。江戸時代、蕎麦切りは手間がかかるからぜいたくと禁じられた際、蕎麦がきを柳の形にして「これは蕎麦ではなく柳ばっと」と言って食していたそう。地方によって「はっと蕎麦」「柳ばっとう」とも呼ばれ、野菜やきのこを入れたつゆで煮て食べます。

画像提供:岩手県農林水産部農業普及技術課

福井県

おろし蕎麦

非常食として蕎麦の栽培が奨励されてきた歴史がある福井県。現在、「大野在来」「丸岡在来」「勝山在来」など、希少な在来種の蕎麦が複数栽培されています。そんな在来種を、冬でも冷たいまま、大根おろしや大根汁につけて食べるのがおろし蕎麦です。

画像提供:農林水産省Webサイト https://www.maff.go.jp/j/keikaku/syokubunka/k_ryouri/search_menu/menu/oroshi_soba_fukui.html

茨城県

つけけんちん

人気品種の「常陸秋そば」を栽培している茨城県。根菜類の名産地でもあることから、里いも、大根、ごぼう、にんじんなどの根菜類を使ったけんちん汁に蕎麦をつけて食べる「つけけんちん」が定着。具は季節によって、旬のものが使われています。

画像提供:農林水産省Webサイト https://www.maff.go.jp/j/keikaku/syokubunka/k_ryouri/search_menu/menu/tukekenchin_ibaraki.html

栃木県

大根蕎麦

千切りの生の大根を蕎麦の上にのせたり、蕎麦といっしょにゆでた千切り大根を麺と混ぜたりして食べます。大根が消化を助けてくれるので、健康面でも優れた一品です。食べ物が少なかった時代、蕎麦だけでは足りないのを、大根でかさ増ししたのが始まりという説も。

画像提供:手打ちそば あらいや

京都府

にしん蕎麦

身欠きにしんの甘露煮を具にした蕎麦です。山に囲まれた京都では、物流が発達する以前、保存のきく身欠きにしんがよく食べられていました。それを蕎麦にのせたのが始まり。蕎麦つゆは、関西風のだしがきいた薄味のつゆで、甘辛いにしんとの相性抜群です。

兵庫県

出石皿《いずしさら》蕎麦

信州・上田藩から国替えで出石に来た仙石政明が、信州から蕎麦職人を連れてきたのがはじまり。その後、白地の陶器「出石焼き」の小皿に小分けにした様式が確立。５皿で１人前が一般的で「箸を立てた高さまで、皿を積み上げて食べられたら一人前」といわれています。

画像提供:農林水産省Webサイト https://www.maff.go.jp/j/keikaku/syokubunka/k_ryouri/search_menu/menu/40_10_hyogo.html

徳島県

祖谷《いや》蕎麦

徳島県西部の祖谷地方で古くから栽培されてきた、在来種の蕎麦です。壇ノ浦の合戦で敗れた平家の落人が、この地で蕎麦を栽培したのが始まりという説も。本来は、つなぎを使わず、太く切れやすい蕎麦でした。近ごろは、山芋を使い食感を工夫している店もあります。

画像提供:農林水産省Webサイト
https://www.maff.go.jp/j/keikaku/syokubunka/k_ryouri/search_menu/menu/44_5_tokushima.html

島根県

割子《わりご》蕎麦

出雲地方で作られる「出雲蕎麦」の代表的な食べ方。「割子」と呼ばれる漆塗りの丸い器に蕎麦が入っていて、重ねたまま1段目につゆと薬味をかけ、食べ終えたら余ったつゆを2段目にかけるというように上から食べます。割子は野外に持ち出す弁当箱のような役割を果たしていたそう。

山口県

瓦蕎麦

「西南戦争の際、熊本城を攻める西郷軍が、野外で瓦を使って料理をした」というエピソードをもとに作られた創作料理。大評判となり、下関の郷土蕎麦として定着しました。熱い瓦の上に焼いた茶そば、錦糸卵、牛肉、レモンなどをのせ、つゆにつけていただきます。

画像提供:「匠」運営協議会

長崎県

対州《たいしゅう》蕎麦

ソバの原産地・中国南西部から日本に伝来したと考えられるルート上である、対馬の蕎麦です。古くから栽培されてきた在来種で、原種に近いのが特徴。うま味が強く、少々苦味があります。地鶏や魚の鍋の締めに、鍋のつゆで蕎麦を食べる「いりやき蕎麦」にも使われます。

旬の素材を混ぜた変わり蕎麦

変わり蕎麦を打てるのは蕎麦打ち上手の証

江戸時代中期以降、蕎麦粉に小麦粉を混ぜるつなぎの技術が広まり、江戸蕎麦は一気に広まりました。さらに技術が進歩し、出てきたのが「変わり蕎麦」です。「変わり蕎麦」とは蕎麦に混ぜ物をして色鮮やかに打った蕎麦のこと。

混ぜ物の色を出すには、土台の蕎麦が白である必要があります。ところが白い蕎麦粉である、さらしな粉や一番粉のような、蕎麦の実の中心部から作られる粉は、つながる力がとても弱いのです。

そこで使われるのが、水ではなく熱湯を使うことで蕎麦粉のつながりやすさを高める「湯ごね」という技術。「変わり蕎麦」を打てるということは、それだけ蕎麦打ちの腕があるという証拠といえます。

現代では、季節に合わせてさまざまな「変わり蕎麦」を提供している店がたくさんあります。蕎麦で季節の風味と移り変わりを楽しむのも一興です。

季節の変わり蕎麦

1月	2月	3月	4月	5月
海苔切り、鯛切り、烏賊切り	蜜柑切り、春菊切り、三つ葉切り	桜切り、芹切り、蓬切り、貝切り	木の芽切り、桜海老切り、海老切り、わかめ切り、鳥切り	茶蕎麦、呉汁つなぎ、蕨切り、あおさ切り、かつお節切り

「更科堀井」の変わり蕎麦「柚子（ゆず）切」。12月の登場を毎年楽しみにしているファンも多い。

6月	7月	8月	9月	10月	11月	12月
紅切り、丁子切り、わさび切り、うに切り	蕎麦萌《もやし》つなぎ、肉桂切り、ゆかり切り、笹切り	山椒切り、豆腐つなぎ、みょうが切り、あわび切り	芥子切り、菊切り、しそ切り、しょうが切り	うこん切り、れんこんつなぎ、昆布切り	くるみ切り、ぎんなん切り、木の実切り、酒つなぎ	柚子切り、とうがらし切り、卵《らん》切り

年越し蕎麦を食べるわけ

蕎麦を食べれば新年の運気が上がる!?

年越し蕎麦は蕎麦発祥の地で生まれた!?

大みそかに食べる「年越し蕎麦」の習慣は、いつごろ、どんな風に始まったのでしょう。実は諸説あり、これというものは分かっていません。蕎麦はもともとお客などに振る舞う特別な料理であり、縁起のいい食べ物。さまざまな験担ぎが由来と考えられます。

いくつかある説のなかに、「福岡県・博多の承天寺《じょうてんじ》で、年末に蕎麦がきがふるまわれた」というものがあります。

この承天寺、実は製粉技術を日本に持ち込んだ円爾《えんに》（聖一国師《しょういちこくし》）が開山した寺。（14ページ参照）うどんや蕎麦の製法が最初に伝えられた場所といわれていることから、地元の製麺業者によって建立された「饂飩蕎麦発祥之地」の石碑があります。

おそらく日本人が一番蕎麦を食べる日は12月31日でしょう。蕎麦が誕生した地で、年越し蕎麦も生まれたという「運気アップ説」が、最も有力かもしれません。

人気の蕎麦屋に、年越し蕎麦を求めて大行列ができるのも、師走の風物詩。

蕎麦の細く長い形状にあやかった説

蕎麦が細くて長いことから、「蕎麦のように細く長く寿命が続いていきますように」「家が末永く続きますように」「家運がのびますように」と、あやかった。

運気アップ説

鎌倉時代、福岡県・博多の承天寺が年を越せない貧しい町人に、蕎麦粉で作った蕎麦がきをふるまったところ、翌年、町人の運気が向上。「運蕎麦」を大みそかに食べる習慣が定着した。

金運アップ説

金銀細工師が金箔をのばすために蕎麦を用いたり、散らかった金粉、銀粉を集めるために蕎麦粉の団子を使っていたことから「蕎麦は金を集める縁起物」と食べるようになった。

蕎麦の切れやすさにあやかった説

蕎麦は切れやすいので、今年一年の災いや苦労を、大みそかに断ち切って、新しい年を迎えたいという思いから蕎麦を食べるようになった。「縁切り蕎麦」という名だったことも。

体内浄化説

江戸時代の書物『本朝食鑑』に「蕎麦は腸の働きをよくして、便通をよくする」（意訳）と書かれていて、新年を迎えるにあたって体の中をきれいにしようという思いから。

みそか蕎麦説

商人の家では、蕎麦の「細く・長い」にあやかり、月末の「みそか」に蕎麦を食べる習慣があった。その名残で、一年の終わりの大みそかに蕎麦を食べるようになった。

各地で違う年越し蕎麦

年越し蕎麦は全国統一ではない！

年が明けてから蕎麦を食べる地方も！

年越し蕎麦は、蕎麦屋で食べるか家で食べるか、大みそかの夕食に食べるか年越し直前に食べるかなど、家庭ごとに多少異なります。ところが全国を見渡すと、「年が明けてから食べる」「蕎麦以外のものを食べる」など、ユニークなものも。紹介する風習がその地方で今も広く浸透しているわけではありませんが、地域ごとの特色や歴史があると感じられます。

年越しうどんを食べる

香川県では、年越しうどんを食べる家庭も多いそう。また、新年には紅白の具をトッピングした「年明けうどん」を食べることを、さぬきうどん振興協議会がPRしている。

年の数だけ蕎麦を食べる

岩手県の郷土蕎麦として有名な「わんこ蕎麦」。これを年越し蕎麦として食べる「年越しわんこ」という習慣があり、年の数だけわんこ蕎麦を食べると長生きできるといわれた。

別のそばを食べる

沖縄県でそばといえば、小麦粉で作る麺に豚骨とかつお節の合わせだしのスープを合わせた「沖縄そば」が定番。大みそかに日本蕎麦を食べる人もいるが、沖縄そば派が大多数だという。

年が明けてから食べる

福島県の会津地方には「元日蕎麦、二日もち、三日とろろ」の言葉があり、蕎麦を食べるのは元日だった。また新潟県にも小正月の前日に当たる1月14日に蕎麦を食べる「十四日蕎麦」の風習があった。

引っ越し蕎麦を配るわけ

「おそばで細く長いお付き合い」のご挨拶

向こう三軒両隣に蕎麦を配った

引っ越し蕎麦のことを「引っ越した先で食べる蕎麦」と思っている人も多いようです。そうではなく、引っ越し先の近所の人に、挨拶として配る蕎麦が引っ越し蕎麦。

なぜ蕎麦を配るようになったかというと、江戸時代中期までは小豆入りのかゆや、もちを挨拶として配る習慣がありました。それでは値が張るということで、もっと安価な蕎麦へと、習慣が変わっていったのです。また、「おそばで、細く長いお付き合いを」というしゃれの意味も込められていたといいます。

当時は乾蕎麦がありませんでしたから、配っていたのは生蕎麦。それではすぐに傷んでしまうため、蕎麦屋でもり蕎麦などと交換してもらえる「蕎麦切手」を売る蕎麦屋も現れました。

ちなみに引っ越しの挨拶は「向こう三軒両隣」といわれています。これは向かい側の3軒と左右のお隣さんという意味です。

初対面の相手に贈り物をするのは難しいもの。乾蕎麦なら簡単に調理できて日持ちもするので、喜んでもらいやすい。渡す際は念のため「蕎麦アレルギー大丈夫ですか?」と、ひと言添えると安心。

◀実際に使われていた蕎麦切手。切手の裏に「○枚」と書かれており、切手を持っていけばその枚数分、もり蕎麦を食べられた。画像提供:小倉庵

さまざまな行事で蕎麦が食べられてきた！

節分やひな祭りも蕎麦と深いつながりが！

年越し蕎麦や引っ越し蕎麦だけでなく、日本には蕎麦にまつわる行事がさまざまありました。節分やひな祭りなど、蕎麦と関係あることを知らない人が大多数となった行事もありますが、これらの行事に蕎麦を食べる習慣を復活させようという取り組みも行われています。健康効果が高く、縁起物でもある蕎麦、ぜひ一年の節々に楽しみたいものです。

節分蕎麦

一年間を24分割する二十四節気では、季節の分かれ目が「立春」「立夏」「立秋」「立冬」の４つあり、一年は「立春」から始まり「大寒」で終わると考えられていた。そのため、立春前日の「節分」が一年の最終日。節分に年越し蕎麦を食べる「節分蕎麦」の習慣がある。

ひな蕎麦

江戸中期には、ひな祭りのお供え物として、あるいは３月４日のひな収めの際に蕎麦を供える風習があった。「長くのびる」縁起のよさや、「来年までお別れのひな様の引っ越し」という意味があったそう。最初は二八、やがて白・赤・緑の３色蕎麦になり、黄・黒も加えた５色の華やかな蕎麦になったという。

彼岸蕎麦

彼岸は「暑さ寒さも彼岸まで」といわれる季節の変わり目。この時期、体にいい蕎麦を食べて乗り切ろうというのが「彼岸蕎麦」だ。鹿児島県・高尾野では春の彼岸の中日に、手打ち蕎麦でもてなすのが伝統。そのため春分に行われる「高尾野 中の市」は別名「そば市」と呼ばれ、各家庭の手打ち蕎麦が出店する。

お盆の荷《に》縄《なわ》蕎麦

お盆のお供え物のひとつ、きゅうりやなすに楊枝を指し、馬や牛に見立てる「精《しょう》霊《りょう》馬《うま》」。ご先祖がこちらに来るときは早く来られるようきゅうりの馬、帰りはゆっくり帰れるようなすの牛を用意するが、帰りにお土産を持ち帰れるよう荷縄に見立てた蕎麦を精霊馬にかけるのが「荷縄蕎麦」。地域によってはうどんや素麺が使われる。

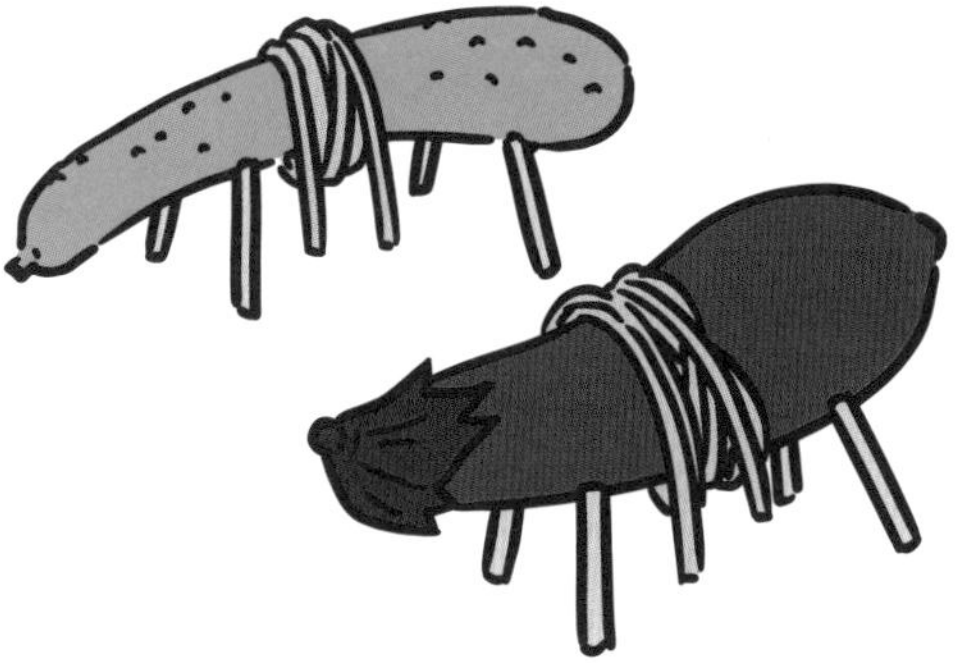

夏越し蕎麦

半年のうちに身についたけがれを、一年のちょうど半分にあたる6月30日に「茅の輪」をくぐって払う「夏越しの大祓い」。この日に、春まき蕎麦の品種である「春のいぶき」を解禁し、夏を乗り切る縁起物として食べようという新しい食文化が、鹿児島県・志布志市で提案されている。

歴史上の蕎麦好き有名人

あの人も蕎麦を食べていた!?

蕎麦がきや蕎麦湯を好んだ有名人も

蕎麦を食べたという文献が残っていたり、書いた作品に蕎麦が登場したりする、蕎麦にまつわる歴史上の有名人を集めました。蕎麦切りが広まっていなかった時代の豊臣秀吉は蕎麦がきがお気に入りだったり、夏目漱石は蕎麦粉をお湯で溶いた蕎麦湯を好んでいた節があるなど、楽しみ方はそれぞれ。いつの時代も蕎麦が日本人の身近にあったのは確かなようです。

豊臣秀吉

江戸初期の噺本『きのふはけふの物語』に、「豊臣秀吉が夜食に蕎麦がきを食べていたところに細川幽斎がやってきて和歌を詠んだ」という蕎麦がきにまつわるエピソードがある。大坂城築城の際の砂置き場が、老舗蕎麦屋「砂場」の源流ともいわれており、太閤殿下と蕎麦のつながりは深そうだ。

徳川家康

天下統一を終え駿府に隠居していた徳川家康に静岡県・有東木《うとうぎ》の庄屋がわさびを献上。これを気に入り、門外不出の御法度品として珍重したというのは有名な話。そして、家康が夏に蕎麦を食べる際、旬が冬である大根を薬味に使うことを嫌い、わさびを用いるようになった、という説もある。

赤穂浪士

吉良邸討ち入りの前に蕎麦屋に集合し、蕎麦をすすって出発。これが「討ち入り蕎麦」として有名になり、義士祭では蕎麦がふるまわれている。ただしこのエピソードは信ぴょう性が低く、集合場所は３か所に分かれていたので、数人が茶店に立ち寄り蕎麦を食べたというのが真実に近いようだ。

松尾芭蕉

江戸時代前期の俳人。元禄７（1694）年に故郷の伊賀へ戻っていた芭蕉の元に客が訪れた際「蕎麦はまだ花でもてなす山路かな」（蕎麦でもてなしたいけれどまだ食べられません。美しい花を楽しんでください）という句を残している。この年の11月に亡くなった芭蕉。はたして新蕎麦は食べられたのだろうか。

夏目漱石

『吾輩は猫である』に「蕎麦はツユと山葵で食うもんだ」のセリフがあったり、『坊ちゃん』の主人公が蕎麦好きだったり、蕎麦湯が登場するするシーンもある。しかし、漱石の息子によると、漱石自身は蕎麦を好んでいなかったとか。胃弱で知られる漱石は蕎麦湯派だったのかもしれない。

大人気「時蕎麦《ときそば》」以外にもいろいろ！

時蕎麦はもともと時うどんだった!?

蕎麦が登場する落語というと、扇子を箸に見立てて蕎麦をすするシーンが浮かびます。広く知られている「時蕎麦」は、もともと上方落語。「時うどん」として演じられていたものを、明治時代に3代目柳家小さんが江戸噺に変えた際、蕎麦にアレンジしたのだそうです。ほかにも落語には、蕎麦が重要なアイテムとして登場する噺がいろいろ。主なものを紹介します。

時蕎麦

蕎麦屋の屋台を一人の男が呼び止め、かけ蕎麦を注文する。食べ終わって勘定をする際、1文銭を1枚ずつ蕎麦屋の主人の手のひらへ。8枚まで数えたところで「ところで今、何時《なんどき》だい？」「へい、九つ（午前0時）です」間髪入れずに「十、十一……」と数え始め、勘定を1文ちょろまかすことに成功。それを見ていた隣の客が翌日同じように試みようとするが、時刻が四つ（午後10時）だったのが災いし……。

そば清《せい》

蕎麦屋で大食いしている清兵衛に、客が「15枚食べられたら賞金を出す」と賭けを持ちかける。見事に食べると、翌日には掛け金が上がり、30枚を食べてみせる。続いて「60枚食べたら3両」と提案されるが自信がなく受けられない。そんな清兵衛が信州で、人を丸のみにしたウワバミが消化剤と思われる草をなめるのを見かけ、あることを思いつく……。

蕎麦の殿様

殿様が招待された先で蕎麦打ちを見せてもらい感心。自分でも打ってみるが、うまくいかない。できあがったのは、汗やよだれが入ったドロドロの物体。これを家来たちに食べさせたところ、家来たちは厠に行列する。翌日も蕎麦を打とうとする殿様に家老が真実を伝え、蕎麦打ちを控えさせるが、今度は殿様、禅寺で精進料理を振る舞われ……。

疝気《せんき》の虫

医者の夢に虫が出てくる。つぶそうとすると「自分は疝気（下腹部の病気）の虫だ」と命乞いする。好物は蕎麦で苦手なものは唐辛子。蕎麦が入ってくると腹の中で暴れ、唐辛子が来ると男の金の袋に逃げ込むという。夢から覚めた医者は、疝気で苦しむ男の元へ。男のおかみさんに蕎麦と唐辛子を用意させて、ある治療を試みる……。

蕎麦になぞらえた言い得て妙な格言も

蕎麦を「側」にかけた言葉遊び的ことわざも

蕎麦は常に身近にあった食べ物だけに、さまざまな事柄を蕎麦になぞらえたり、あるいはおいしい蕎麦の作り方や食べ方を指南したりする、ことわざがたくさんあります。

また、しゃれ好きの江戸っ子に愛された蕎麦だけに、蕎麦を「側」にかけるなど、ユニークな言葉遊びを使ったことわざも。

その一部を集めてみました。

蕎麦屋の湯桶

角に注ぎ口がついていることから、人が話をしているときに横から口を出してくる人のこと。

うどん一尺蕎麦八寸

うどんと蕎麦、それぞれが一番食べやすいとされている長さ。一尺は約30センチ、八寸は約24センチ。

蕎麦のひと吹き

ソバはやせ地でも育つが、風に弱く、強風が吹くと倒れやすい。

紺屋のあさって、蕎麦屋のただ今

紺屋《こうや》の仕事は天気に左右されて遅れがち、蕎麦屋の出前は「ただ今」と言いつつまだ時間がかかる。どちらも、当てにならない。

蕎麦で首をくくる

できるはずがないこと。

蕎麦の自慢はお里が知れる

「いい蕎麦がとれる」＝「米がとれない」なので、やせた土地を宣伝しているようなもので自慢にならない。

銅壺の湯で産湯を使う

銅壺《どうこ》とは蕎麦釜の横にある湯をためておくところ。蕎麦屋の生まれであることを誇る言葉。

蕎麦屋のけんか

「蕎麦」＝「側」をかけたしゃれ。近くにいる人がけんかをしているのはたまらないという意味。

蕎麦と坊主は田舎がよい

都からはいいソバの実と僧侶は生まれない。

うどん蕎麦よりかかあのそば

女房の側にいるのが、いちばんリラックスできていい。

蕎麦食ったら腹あぶれ

冷たい蕎麦を食べるとおなかが冷えるので温めなさい（蕎麦湯を飲むとよいという説も）。

蕎麦作りに飢饉なし

やせた土地でもスクスク育つソバを育てることが、凶作への備えになる。

蕎麦のひとむずり

蕎麦を食べた後に体をひとねじりするとすぐにおなかがすく。

蕎麦の花も一盛り

地味な蕎麦の花も盛りには美しく見える。地味な娘も、年頃になれば魅力が出る。

夏の蕎麦は犬さえ食わぬ

昔は夏にとれる品種はなく、前年のソバの実を保存していた。夏になるころには味が落ちることから。

蕎麦は健康にいい栄養が豊富

「江戸患い」の流行を蕎麦が押さえ込んだ!?

「蕎麦好きは健康」といわれますが、蕎麦の栄養とも関係があるでしょう。そもそも江戸で蕎麦が好まれた理由の一つが、蕎麦に含まれるビタミンB1。白米に漬物、みそ汁という献立だとビタミンB1が不足して神経障害や心不全が起き、脚気になりやすくなります。脚気が「江戸患い」と呼ばれ流行していたとき、蕎麦を食べれば治るとうわさに。蕎麦ブームに火がついたという説もあるほどです。

また、蕎麦の栄養素でもう一つ有名なのは「ルチン」でしょう。高い抗酸化力を持っていて、毛細血管を強化。高めの血圧を下げてくれるほか、認知症や糖尿病の予防、しわ、たるみの改善など、うれしい健康&美容効果が期待できます。

また、三大栄養素である炭水化物、たんぱく質、脂質を同時にとれるのも蕎麦の魅力。

まさに、栄養素の宝庫といえます。

ルチン

かつてはビタミンPとよばれていた成分。抗酸化作用があり、血管の弾力性を高めたり、血液をサラサラにする効果があるので、高血圧の予防に役立つ。ルチンは、ビタミンCの吸収を助ける働きもある、美容にもうれしい成分。

ビタミンB群

脚気の予防や疲労回復に役立つビタミンB1、「発育のビタミン」とよばれ、皮膚や髪、爪などの再生に力を発揮するビタミンB2など、ビタミンB群が豊富。ビタミンB群は水溶性のため蕎麦湯を飲むことで摂取量が増える。

蕎麦に含まれる健康にいい栄養

蕎麦は、ごはんやうどんなどの主食と比べ、ルチンやたんぱく質、ビタミンB群、ミネラルといった栄養素を多く含んでいる。

すべて100gあたり

	ゆで蕎麦	ゆでうどん	ごはん
ルチン	10mg	―	―
炭水化物	26.0g	21.6g	37.1g
たんぱく質	4.8g	2.6g	2.5g
脂質	1.0g	0.4g	0.3g
ビタミンB_1	0.05mg	0.02mg	0.02mg
ビタミンB_2	0.02mg	0.01mg	0.01mg
カリウム	34mg	9mg	29mg
マグネシウム	27mg	6mg	7mg

※栄養価は食品成分表8訂、一部市販品のデータを参照しています。

ミネラル

ミネラルは体内で合成できないので食べ物でとる必要があり、不足すると欠乏症に。蕎麦はミネラルが豊富で、なかでもむくみを改善するカリウムや、ホルモンの分泌を促すマグネシウム、骨や歯をつくるリンが多く含まれている。

たんぱく質

たんぱく質は多数のアミノ酸がつながって構成されている。アミノ酸は全部で20種類あり、そのうちの９種類は体内で合成できず、食べ物から摂取する必要がある「必須アミノ酸」。蕎麦にはこの必須アミノ酸がすべて含まれている。

蕎麦の栄養❷

メタボ腹を引っ込める!? 蕎麦のダイエット効果

主食のなかでGI値が低く太りにくい

蕎麦はダイエットにもおすすめ。その理由は主に3つあります。

まずは血糖値が上がりにくい性質があること。三大栄養素のひとつである炭水化物は、糖質と食物繊維でできています。このうち糖質をとると、血糖値が上がりインスリンというホルモンが分泌。過剰に糖質をとってしまうと、エネルギーとして消費しきれない糖質を、インスリンが脂肪細胞に取り込んでしまいます。これが太るメカニズムです。

糖質には、食後に血糖値が急激に上がるものと、ゆるやかに上がるものがあり、そのスピードを数値化したGI値（Glycemic Index）で表します。蕎麦は主食のなかでもGI値の低い食べ物。つまり食べても太りにくい主食なのです。

2つめは蕎麦に含まれるビタミンB1です。脚気予防の働きがあるビタミンB1は、糖質をエネルギーに変えるのに不可欠な栄養素。糖質の代謝を助けてくれるのです。また、疲労を回復させてくれるうれしい効果もあります。

3つめは、蕎麦はシンプルに食べやすい点です。白米1杯では食事として物足りなく、おかずをいっしょに食べたり、チャーハンにしたりします。食パンであればバターやジャムを塗ることになり、摂取カロリーが増えていきます。その点、ざる蕎麦であれば、薬味とつゆだけで満足しやすいのでは？　もちろん、毎食肉蕎麦や天麩羅蕎麦を食べればカロリーは上がるので、ご注意を！

主な主食のGI値

食パンや白米など、精製された食べ物ほどGI値は高くなりやすい。蕎麦はつなぎを使っていない十割蕎麦のほうがGI値が低い。

	GI値
食パン	91
白米	84
うどん	80
コーンフレーク	75
パスタ	65
蕎麦	**59**
玄米	56

出典：日本ダイエットスペシャリスト協会 永田孝行

	kcal（100gあたり）
食パン	248
白米ごはん	156
ゆでうどん	95
コーンフレーク	380
ゆでスパゲッティ	150
ゆで蕎麦	**130**
玄米ごはん	152

出典：日本食品標準成分表2020年版（8訂）

蕎麦であれば、ほかのおかずがなくても比較的満足できやすい。ダイエット中にもぴったり!

蕎麦のおいしさ表現

おいしい蕎麦ってどんな蕎麦?

視覚、触覚、嗅覚、味覚、涼味の5つを言語化しよう

おいしい蕎麦がどんな風においしいのか、言語化できると人に伝えやすいですし、また、自分の蕎麦の好みを追求したり、おいしい蕎麦を探すヒントになります。

蕎麦のおいしさを表現するポイントは主に5つです。

まずは視覚。蕎麦の形状については、「角がスパッと立っている」「長い」「長さがそろっている」など。麺の状態については「色合い

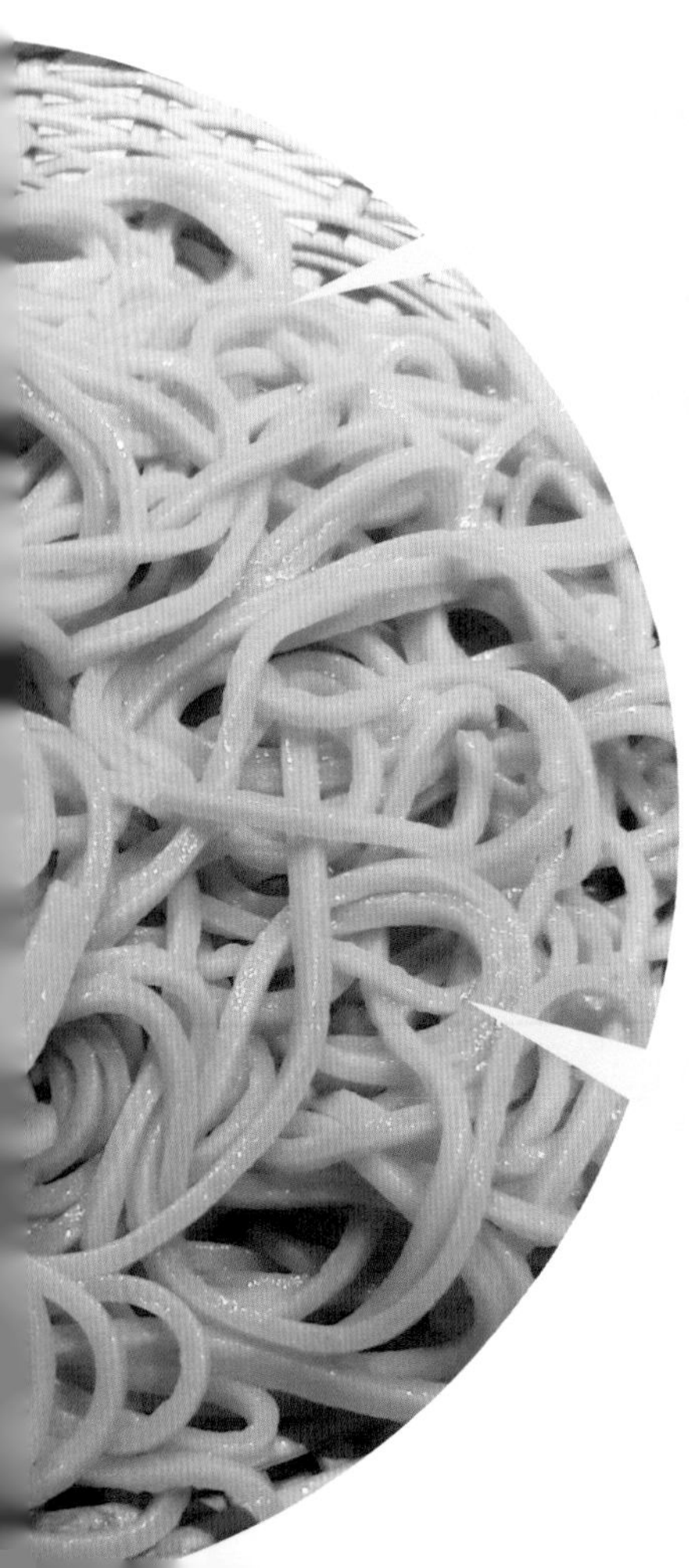

触覚

たぐりやすい
コシが強い
のどごしがいい
歯ごたえがある
もちもちしている

嗅覚

香りが高い
口の中に香りが広がる
ほのかな甘い香り

がきれい」「つややか」「透明感がある」などがおいしい蕎麦であると伝わる表現です。

次に触覚も蕎麦のおいしさには重要。「コシがある」「のどごしがいい」などと表現します。そして嗅覚は「蕎麦の香りが高い」「かむほどに香りが広がる」など。

そして味覚。「うま味が強い」「蕎麦独特の甘みがある」など。

もう一つ付け加えたいのが涼味です。実際の蕎麦が冷えているという意味ではなく、冷たく感じるかどうか。「冷たくてツルツル食べられる」「涼やかなのどごし」と表現すると、どんな蕎麦かイメージがふくらみます。

これらの表現を使いこなして、蕎麦のおいしさを広めてください。

東京23区 蕎麦史跡めぐり

江戸蕎麦が開花した東京には、江戸時代から続く老舗の蕎麦屋や、蕎麦にまつわる名所などが盛りだくさん。蕎麦散策、してみませんか？

画像提供:ほしひかる

文京区

慈眼院　澤蔵司《たくぞうす》稲荷《いなり》

かつて、この寺で浄土宗の勉強をしていた澤蔵司をまつった寺。澤蔵司は、キツネ（稲荷大明神）が化けていたといわれ、修行時代、蕎麦が好きで蕎麦屋に通っていたそう。その蕎麦屋「稲荷蕎麦萬盛」は、現在も営業を続けている。

東京都文京区小石川3-17-12

練馬区

九品院《くほんいん》　蕎麦喰地蔵尊

浅草の蕎麦屋に毎晩、蕎麦を食べに来ていた僧は、実はお地蔵様だった。蕎麦屋の主人がその地蔵に蕎麦を供えたところ、江戸に病が流行したときに難を逃れたという言い伝えから、「蕎麦喰地蔵尊」と呼ばれるように。何度かの移転を経て、現在の場所に安置されている。

東京都練馬区練馬4-25-1

葛飾区

医王寺　柴又蕎麦地蔵

積み上げられたせいろの前で静かにたたずむ薬王山医王寺の地蔵。後に住職となる室町時代の僧、源珍僧都《げんしんそうづ》が、全国行脚の途中、脚気で倒れたとき、村人に恵比寿天像と蕎麦粉をもらったことで病がいえ無事に行脚できたと伝わる。それにより、昭和にこの地蔵が安置された。

東京都葛飾区柴又5-13-6

世田谷区

称往院　蕎麦境内に入《い》るを許さずの碑

浅草にあった称往院の中の「道光庵」の庵主は、蕎麦打ちの名手。本業の修行そっちのけで蕎麦を打っては振る舞っていたため、とうとう称往院が、「蕎麦境内に入るを許さず」の碑を門前に建てた。現在石碑は、烏山に移転した称往院の門前に建っている。

東京都世田谷区北烏山5-9-1

中野区

宝仙寺　石臼塚

付近に神田川が流れて水車があり、製粉業が盛んだった中野は、蕎麦を江戸へ送り出す集散地。「中野蕎麦」との呼び声も高かったが機械化が進み衰退。打ち捨てられていた石臼を供養するための塚が造られている。

東京都中野区中央2-33-3

全日本蕎麦何でもランキング

日本で一番蕎麦が食べられているのはどの都道府県か、など
日本人の蕎麦好きをデータから読み解いてみました。

ソバの収穫量が多い都道府県は?

第1位　北海道
第2位　長野県
第3位　栃木県

令和２年度の生産状況を見ると、総収穫量4万4800トンのうち、1万9300トンと、４割以上を占める北海道がダントツの１位だ。

蕎麦の生産量の都道府県別シェア

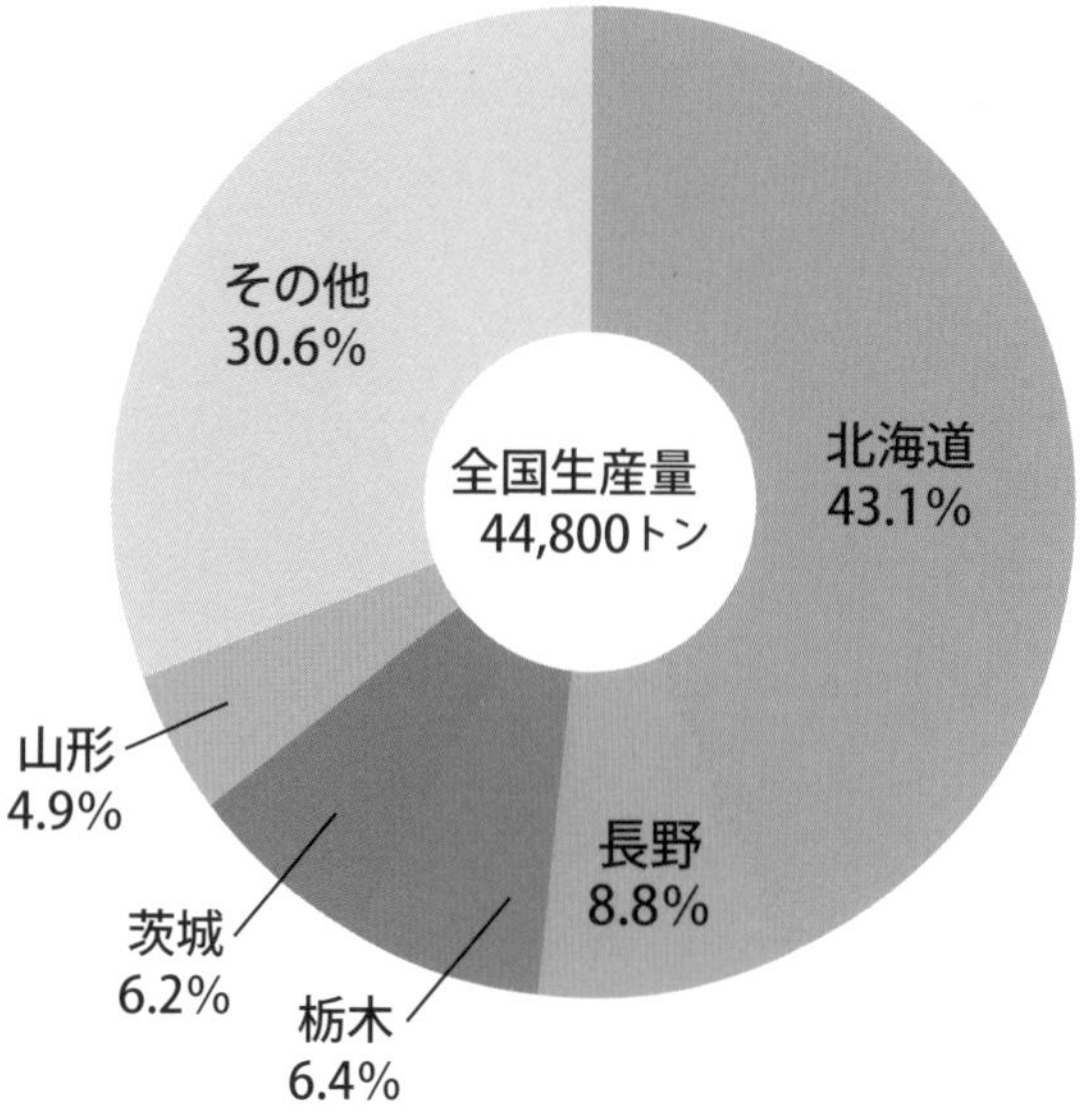

ソバの作付面積が広い都道府県は?

第1位　北海道
第2位　山形県
第3位　長野県

総作付面積6万6600ヘクタールのうち、2万5700ヘクタールが北海道。北海道はまさに、国内蕎麦の供給地といえる。２位に山形県、３位に長野県が続いている。

資料提供:一般社団法人 日本蕎麦協会

日本一蕎麦屋が多い都道府県は?

第1位　東京都

第2位　埼玉県

第3位　神奈川県

蕎麦屋が多い都道府県の1位は東京都。続いて埼玉県、神奈川県が続いている。関東地方のなかで、人口の多い都県は、蕎麦屋の数も多いことがうかがえる。

人口10万人換算で蕎麦屋が多い都道府県は?

第1位　長野県

第2位　山形県

第3位　福井県

10万人あたり蕎麦屋が何軒あるかという換算で見ると、1位は42.38軒ある長野県。次は41.2軒の山形県、32.86軒の福井県と続く。いずれも蕎麦の名産地だ。

※蕎麦屋の数は、2023年1月時点のiタウンページで「そば店」として登録のあった数を、都道府県別人口は令和2年度の国勢調査結果を使用。

麺類販売価格の変遷

明治元年	5厘	15	15銭	49	170~200円	4	430円	20	510円
10	8厘	16	16銭	50	200~220円	5	438円	21	524円
20	1銭	戦時配給統制休業		51	230円	6	443円	22	595円
27	1銭2厘	24(麺類外食券)	15円	53	250円	7	443円	23	594円
31	1銭8厘	27(自由販売)	17円	54	260円	8	444円	24	596円
37	2銭	28	20円	55	280円	9	458円	25	594円
39	3銭5厘	29	25~30円	56	300円	10	467円	26	611円
40	3銭	32	30~35円	58	310円	11	472円	27	571円
44	3銭5厘	34	35円	59	320円	12	474円	28	578円
45	3銭	36	40円	60	330円	13	478円	29	587円
大正6年	4銭	39	50円	61	341円	14	478円	30	594円
7	5~6銭	42	60円	62	348円	15	481円	令和元年	621円
8	7銭	43	70円	63	354円	16	490円	2	627円
9	8~10銭	46	100円	平成元年	378円	17	493円	3	640円
昭和9年	10銭	47	120円	2	386円	18	502円		
10	10~13銭	48	150円	3	413円	19	511円		

注)1.東京都における価格。2.昭和61年以前は日銀と東京都の物価調査や(社)日麺連の価格動向調査をもとに(社)日麺連で推定。
3.昭和61年以降は総務省「小売物価統計」「かけうどん」、平成22年からは「きつねうどん」、平成27年からは「日本そば」(もりそば、ざるそば、またはせいろそば)。　資料提供:「そばデータブック 2022」一般社団法人 日本蕎麦協会

もっともっと蕎麦を楽しめる

江戸ソバリエ入門のススメ

「蕎麦が大好き」「江戸蕎麦に興味がある」という方。本書監修のほしひかる氏が理事長を務める「江戸ソバリエ」で、より深く蕎麦とつながりませんか？

どうするとなれる？

「耳学」「手学」「舌学」「脳学」を受講し認定

蕎麦の知識やうんちくを学ぶ「耳学」、実際に蕎麦打ちを行う「手学」、蕎麦を食べ歩く「舌学」、蕎麦についての自分なりの考察をまとめる「脳学」の受講やリポート提出を行います。江戸ソバリエ認定委員会が厳正に審査し、一定の成績を収めると認定。認定証が発行されます。

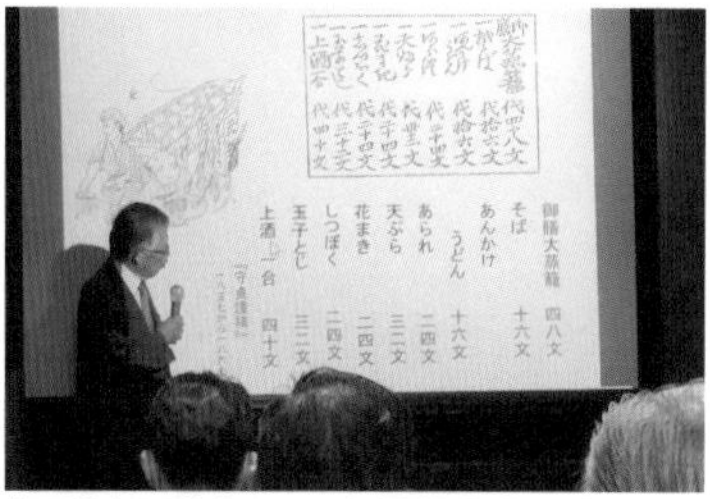

「耳学」の講座では、老舗蕎麦店の店主や、だしの専門家など、その道のプロによる蕎麦授業が行われる。

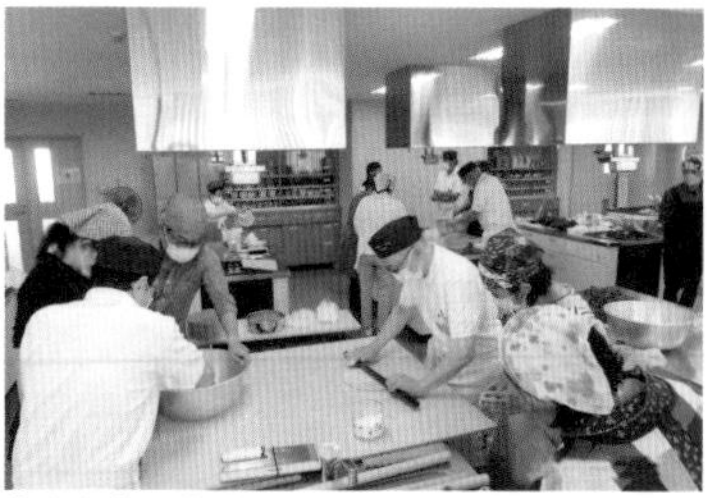

「手学」の蕎麦打ちの様子。蕎麦好きだけど、打つのは初めてという人も多数。自分で打った蕎麦の味は格別!

江戸ソバリエとは？

江戸蕎麦の通人を表す民間資格

特定非営利活動法人「江戸ソバリエ協会」が認定する民間資格です。蕎麦を中心とした日本の食文化に興味がある人なら誰でも受講できる基礎コース受講で認定される「江戸ソバリエ」、江戸ソバリエの資格を持っている人だけが受講できる上級コースの受講で認定される「江戸ソバリエ・ルシック」の２種類があります。

どんな活動をしている？

「江戸ソバリエ」として蕎麦の素晴らしさを広める

累計1700人以上の認定者を排出。蕎麦打ち教室を開いたり、「江戸ソバリエ」として執筆活動に励んだり、幅広く活動しています。蕎麦を楽しむ集いや、スペシャリストを講師に招いての講習会なども開催。蕎麦打ちを極めたい、蕎麦のことをもっと深く知りたいというみなさんの入会をお待ちしています。

江戸ソバリエの情報はHPで確認できます。
https://www.edosobalier-kyokai.jp

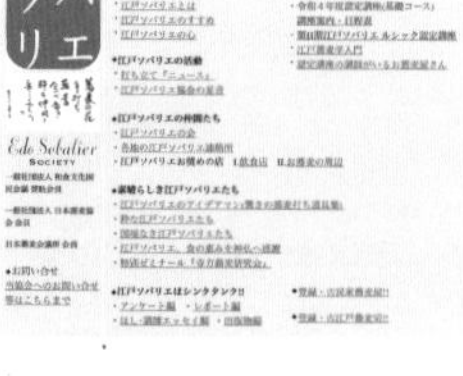

●監修者紹介

ほしひかる

特定非営利活動法人 江戸ソバリエ協会理事長、深大寺そば学院講師、武蔵の国そば打ち名人戦審査委員長、フードボイス コメンテータ、特定非営利活動法人日本蕎麦会議所副理事長として活躍中。その一方で出版・講演・テレビ出演などによって日本蕎麦文化のために尽力。著書：『新・みんなの蕎麦文化入門～お江戸育ちの日本蕎麦』（アグネ承風社）、『小説から読み解く和食文化～月の裏側の美味しさの秘密』（アグネ承風社）、江戸ソバリエ協会編『江戸蕎麦めぐり』（幹書房）、ほしひかる＋江戸ソバリエ『お蕎麦のレッスン』（高陵社書店）など出版。『蕎麦春秋』誌に「暖簾めぐり」を45回連載。現在は同誌に「そば文学紀行」を連載中。また、山本おさむ作『そばもん』（小学館）、片倉英統著『ライフスタイルとしての蕎麦屋』（幹書房）、伊嶋みのる著『墨絵で描く江戸蕎麦屋』（文芸社）などに編集協力。講演：全国の各蕎麦会、さらに江戸ソバリエの仲間たちとサンフランシスコや北京などで活動。テレビ：「解体新ショー」（NHK）、「幸福の一皿」（BS朝日）、「その時 味が動いた！」（BSフジ）、「この差って何ですか？」（TBS）など多数出演。

●参考文献

『新・みんなの蕎麦文化入門　お江戸育ちの日本蕎麦』ほしひかる／アグネ承風社
『お蕎麦のレッスン』ほしひかる ＋ 江戸ソバリエ／高陵社書店
『そばうどん知恵袋 111題』そばうどん編集部編／柴田書店
『蕎麦の事典』新島 繁／講談社学術文庫
『そば学　食品科学から民俗学まで』井上直人／柴田書店
『発見！体験！日本の食事③そば・うどん　栽培から食べるまでを体験しよう』
次山信男監修／ポプラ社
『「駅そば」読本』鈴木弘毅／交通新聞サービス
北東製粉WEBサイト
江戸ソバリエ協会各種レポート・エッセイ

● 企画·編集　　　スタジオパラム

● Director　清水信次
● Writer & Editor　及川愛子（江戸ソバリエ）
小田慎一
島上絹子
● Camera　山上　忠
● Illustration　ひらのんさ
● Design　スタジオパラム
● Special Thanks
更科堀井、室町砂場、かんだやぶそば、茅場町 長寿庵、神田 尾張屋本店、北東製粉、
慈眼院 澤蔵司稲荷、九品院、称往院、医王寺、宝仙寺

蕎麦のひみつ　知識・愉しみかたがわかる本
伝統食の文化と歴史超入門

2023年3月5日　第1版・第1刷発行

監修者　ほしひかる
発行者　株式会社メイツユニバーサルコンテンツ
代表者　大羽　孝志
〒102-0093 東京都千代田区平河町一丁目1-8
印　刷　株式会社暁印刷

◎『メイツ出版』は当社の商標です。

ご意見・ご感想はホームページから承っております。
ウェブサイト　https://www.mates-publishing.co.jp/

編集長：堀明研斗　企画担当：堀明研斗